HANS UND NIKI EIDENEIER • NEUGRIECHISCH IST GAR NICHT SO SCHWER

Schlüssel • Methodische Hinweise zu Teil 1

T0145463

HANS UND NIKI EIDENEIER

NEUGRIECHISCH

IST GAR NICHT SO SCHWER

Schlüssel
Methodische Hinweise
zu Teil 1

2., verbesserte Auflage

DR. LUDWIG REICHERT VERLAG WIESBADEN

CIP-Einheitsaufnahme der Deutschen Bibliothek

Eideneier, Hans:
Neugriechisch ist gar nicht so schwer / Hans u. Niki
Eideneier. – Wiesbaden: Reichert

NE: Eideneier, Niki:
Teil 1.
Schlüssel, methodische Hinweise – 2., verb. Aufl., – 1995.
ISBN 3-88226-830-1

© 1982, 1995 Dr. Ludwig Reichert Verlag Wiesbaden

Texterfassung: Maria Bogdanou
Layout: Werbeagentur Birkhölzer, Köln
Druck: Weihert-Druck GmbH, Darmstadt

Printed in Germany

Schlüssel

Lektion 1

1 Αυτή είναι η Αθήνα. Η Αθήνα είναι στην Ελλάδα. Αυτή είναι η Θεσσαλονίκη. Και η Θεσσαλονίκη είναι στην Ελλάδα. Εδώ είναι η Κρήτη. Η Κνωσός είναι στην Κρήτη. Πού είναι η Κρήτη; Η Κρήτη είναι στην Ελλάδα. Πού είναι η Σπάρτη; Η Σπάρτη είναι στην Ελλάδα. Πού είναι η Κοζάνη; Η Κοζάνη είναι στην Ελλάδα. Πού είναι η Σέριφος; Η Σέριφος είναι στην Ελλάδα. Πού είναι η Χίος; Η Χίος είναι στην Ελλάδα. Πού είναι η Κυψέλη; Η Κυψέλη είναι στην Αθήνα. Αυτός είναι ο Βόλος. Αυτός είναι ο Πολύγυρος. Αυτό είναι το Ξυλόκαστρο. Ο Πολύγυρος είναι στην Ελλάδα; Ναι, ο Πολύγυρος είναι στην Ελλάδα. Ο Βόλος είναι στην Ελλάδα; Ναι, ο Βόλος είναι στην Ελλάδα. Το Ξυλόκαστρο είναι στην Ελλάδα; Ναι, το Ξυλόκαστρο είναι στην Ελλάδα. Και πού είναι η Βόννη; Η Βόννη είναι στην Ελλάδα; Όχι, η Βόννη είναι στη Γερμανία. Η Βόνη είναι στην Κρήτη.

2 Πού είναι η Ολυμπία; Πού είναι η Καβάλα; Πού είναι η Κέρκυρα; Πού είναι η Πελοπόννησος; Πού είναι η Θεσσαλονίκη; Πού είναι η Κνωσός; Πού είναι η Ελλάδα; Πού είναι η Βόννη;

3 Αυτή είναι η Σπάρτη. Αυτή είναι η Αθήνα. Αυτή είναι η Ιθάκη. Αυτή είναι η Κνωσός. Αυτή είναι η Κρήτη. Αυτή είναι η Καλαμάτα. Αυτή είναι η Ελλάδα. Αυτή είναι η Γερμανία.

4 Αυτός είναι ο Πολύγυρος.
Αυτός είναι ο Άθως.

5 Αυτό είναι το Ξυλόκαστρο.

6 Ναι, η Θεσσαλονίκη είναι στην Ελλάδα. Ναι, η Κρήτη είναι στην Ελλάδα. Ναι, η Ολυμπία είναι στην Πελοπόννησο. Ναι, η Χίος είναι στην Ελλάδα. Ναι, η Κυψέλη είναι στην Αθήνα. Ναι, η Βόννη είναι στη Γερμανία. Ναι, ο Βόλος είναι στην Ελλάδα. Ναι, η Κνωσός είναι στην Κρήτη.

7 Όχι, η Νάξος είναι στην Ελλάδα. Όχι, η Κυψέλη είναι στην Αθήνα. Όχι, η Κνωσός είναι στην Κρήτη. Όχι, το Ξυλόκαστρο είναι στην Πελοπόννησο. Όχι, η Ιθάκη είναι στην Ελλάδα. Όχι, η Βόνη είναι στην Κρήτη.

Lektion 2

(**1 - 15** zur selbständigen Bewältigung!)

16 ελληνική ραδιοφωνία – τηλεόραση / πρώτο πρόγραμμα / παιδικό μεσημέρι / γεια σας παιδιά / ειδήσεις / αθλητικό πανόραμα / κοντά σας και πάλι / ελληνική μουσική και τραγούδια.

17 ο Μεγαλέξαντρος και το καταραμένο φίδι / μαζί στις οχτώ / τα νέα της εβδομάδας / ξένοι χοροί / ο κόσμος των σπορ / παίζουν για το Ευρωπαϊκό κύπελλο / συγχαρητήρια.

18 έτσι χορεύει η Ελλάδα / το συγκρότημα της Ντόρας Στράτου με χορούς από την Κρήτη, Πελοπόννησο, Μακεδονία.

19 ελληνική κωμωδία / όχι πια δάκρυα / ειδήσεις, ρεπορτάζ, σχόλια / κλασικό μπαλέτο / νυχτερινή συναυλία κλασικής μουσικής / εθνικός ύμνος.

20 Το πρόγραμμα: Ελληνική μουσική και τραγούδια. Αθλητικό πανόραμα. Συγχαρητήρια! Κερδίσατε. Παιδικό μεσημέρι. Κοντά σας και πάλι. Έτσι χορεύει η Ελλάδα. Όχι πια δάκρυα. Νυχτερινή συναυλία κλασικής μουσικής.

Lektion 3

1 Πού είσαι, Ευαγγελία; — Εδώ! — Πού είναι τα τσιγάρα; — Και τα τσιγάρα είναι εδώ. — Πού είναι τα σπίρτα; — Τα σπίρτα είναι εκεί; — Όχι, δεν είναι. — Και όμως, τα σπίρτα είναι εκεί, όχι εδώ. — Και πού είναι ο μπαμπάς; — Δεν ξέρω, μάλλον στην εκκλησία. — Πού είναι ο μπαμπάς, όχι ο παπάς; Α ο μπαμπάς· ξέρω. — Πού είναι; Είναι εκεί; — Όχι, δεν είναι εδώ. — Και πού είναι; — Ο μπαμπάς είναι στην κουζίνα και πλένει τα πιάτα. — Πού είναι ο μπαμπάς, όχι η μαμά! — Ναι, ο μπαμπάς. — Μπαμπά, πού είσαι; — Εδώ είμαι. Τι φωνάζεις; Τι θέλεις; — Τα σπίρτα και έναν καφέ, παρακαλώ.

2 Τα σπίρτα είναι εδώ. Τα πιάτα είναι εδώ.

3 Ο παπάς είναι εδώ. Ο Βαγγέλης είναι εδώ.

4 Η Ευαγγελία είναι εδώ.

Lektion 3

5 Τα πιάτα είναι εδώ, δεν είναι εκεί. Η μαμά είναι εδώ, δεν είναι εκεί. Ο παπάς είναι εδώ, δεν είναι εκεί. Η Ευαγγελία είναι εδώ, δεν είναι εκεί. Ο μπαμπάς είναι εδώ, δεν είναι εκεί. Τα σπίρτα είναι εδώ, δεν είναι εκεί. Ο Βαγγέλης είναι εδώ, δεν είναι εκεί.

6 Πού είναι τα σπίρτα; Πού είναι ο παπάς; Πού είναι η μαμά; Πού είναι ο μπαμπάς; Πού είναι ο Βαγγέλης; Πού είναι η Αθήνα; Πού είναι η Ελλάδα; Πού είναι η Θεσσαλονίκη; Πού είναι ο Βόλος;

7 είμαι εδώ — δεν είμαι εδώ. είναι εκεί — δεν είναι εκεί. είσαι εκεί — δεν είσαι εκεί. πλένει τα πιάτα — δεν πλένει τα πιάτα. ξέρω — δεν ξέρω.

8 Η μαμά είναι στην κουζίνα; Όχι, δεν είναι στην κουζίνα. Ο μπαμπάς είναι στην εκκλησία; Όχι, δεν είναι στην εκκλησία. Ο παπάς πλένει τα πιάτα; Όχι, δεν πλένει τα πιάτα. Ο Βαγγέλης και η Ευαγγελία είναι στην κουζίνα; Όχι, δεν είναι στην κουζίνα.

9 Πού είναι ο παπάς; Δεν ξέρω, μάλλον στην εκκλησία. Πού είναι ο μπαμπάς; Δεν ξέρω, μάλλον εδώ. Πού είναι τα σπίρτα; Δεν ξέρω, μάλλον εκεί. Πού είναι τα πιάτα; Δεν ξέρω, μάλλον στην κουζίνα.

10 Ναι, είναι στην εκκλησία. — Όχι, δεν είναι στην εκκλησία. Ναι, είναι στην κουζίνα. — Όχι, δεν είναι στην κουζίνα. Ναι, είναι στην κουζίνα. — Όχι, δεν είναι στην κουζίνα. Ναι, είναι εδώ. — Όχι, δεν είναι εδώ.

11 Πού είναι τα σπίρτα; Όχι εδώ. Ο παπάς είναι στην κουζίνα; Όχι στην κουζίνα, στην εκκλησία. Είναι εκεί ο μπαμπάς; Δεν είναι, δεν ξέρω. Η μαμά πλένει τα πιάτα; Όχι, δεν πλένει τα πιάτα. Είναι εκεί τα τσιγάρα; Όχι τα τσιγάρα, τα σπίρτα. Δεν είσαι εκεί; Είσαι στην κουζίνα; Όχι. Είμαι εδώ. Η μαμά είναι στην εκκλησία; Όχι στην εκκλησία, η μαμά είναι εδώ. Τι θέλεις, τα τσιγάρα; Όχι τα τσιγάρα, έναν καφέ. Πού είσαι; Δεν είμαι στην κουζίνα.

12 Πού είναι τα σπίρτα; Δεν είναι εδώ, είναι εκεί. Και πού είναι τα τσιγάρα; Πού είναι ο μπαμπάς; Μάλλον στην κουζίνα και πλένει τα πιάτα. Πού είναι η μαμά; Δεν ξέρω. Μάλλον στην εκκλησία και όχι στην κουζίνα. Δεν πλένει τα πιάτα. Και όμως είναι εκεί και πλένει. Πού είσαι, Βαγγέλη; Τι θέλεις; Τα σπίρτα και έναν καφέ, παρακαλώ.

13 Πού είναι ο Βαγγέλης; Μάλλον στην κουζίνα. Και ο παπάς; Μάλλον στην εκκλησία. Η Ευαγγελία πλένει τα πιάτα. Πού; Όχι εδώ, στην κουζίνα. Τι φωνάζει; Δεν ξέρω. Μάλλον θέλει έναν καφέ.

Lektion 4

1 Ο Κώστας βλέπει το φωτογράφο. Είμαι στο φωτογραφείο. Εκεί είναι ο καθρέφτης. Η χτένα είναι για την ομορφιά. Βγάζει το καπέλο, τη ζακέτα, τη φωτογραφία. Τι κάνει ο μπαμπάς; Πού είναι η λάμπα; Ένα χαμόγελο, παρακαλώ! Ο φωτογράφος περιμένει τη Χρυσούλα. Τι κάνεις, μπαμπά; Τι θέλεις; Ο Βαγγέλης και η Ευαγγελία θέλουν έναν καφέ. Ορίστε η φωτογραφία, είναι για τη Χρυσούλα. Τι θέλεις, Χρυσούλα; Πού είσαι, μπαμπά; Τα σπίρτα δεν είναι εδώ.

2 Βλέπει τη λάμπα. Εκεί είναι ο καθρέφτης. Τι κάνετε με τη μηχανή; Βγάζω το καπέλο και τη ζακέτα. Περιμένω το φωτογράφο. Πού είναι το σκαμνί; Θέλει τη χτένα και τον καθρέφτη. Εδώ έχουμε τη λάμπα, τη μηχανή και το καπέλο. Πού είναι ο καφές; Βλέπεις τον καφέ;

3 Βλέπει μια λάμπα. Εκεί είναι ένας καθρέφτης. Τι κάνετε με μια μηχανή; Περιμένω ένα φωτογράφο. Πού είναι ένα σκαμνί; Θέλει μια χτένα και έναν καθρέφτη. Εδώ έχουμε μια λάμπα, μια μηχανή και ένα καπέλο. Πού είναι ένας καφές; Βλέπεις έναν καφέ;

4 Ποιος είναι φωτογράφος; Ποιος δεν έχει χτένα; Ποιος βγάζει με τη μηχανή μια φωτογραφία; Ποιος δε θέλει τη φωτογραφία; Ποιος έχει ένα σκαμνί, μια λάμπα και μια μηχανή; Ποιος βγάζει το καπέλο και τη ζακέτα; Ποιος βλέπει τη φωτογραφία;

5 Τι είναι ο Κώστας; Τι δεν έχει η Χρυσούλα; Τι βγάζει ο φωτογράφος με τη μηχανή; Τι δε θέλει η Χρυσούλα; Τι έχει ο Κώστας; Τι βγάζει η Χρυσούλα; Τι βλέπουν η Χρυσούλα και ο Κώστας;

6 Ο Κώστας και η Ευαγγελία έχουν μια χτένα / τη χτένα / χτένα.
Κώστα, Ευαγγελία, έχετε μια χτένα / χτένα;
Ο μπαμπάς και η μαμά έχουν έναν καθρέφτη / τον καθρέφτη / καθρέφτη.
Μπαμπά, μαμά, έχετε έναν καθρέφτη / καθρέφτη;
Ο Βαγγέλης και η Ευαγγελία βγάζουν μια φωτογραφία / τη φωτογραφία / φωτογραφία.
Βαγγέλη, Ευαγγελία, βγάζετε μια φωτογραφία / φωτογραφία;

Lektion 4

7 Ο καθρέφτης δεν είναι για την κουζίνα, αλλά είναι για την ομορφιά. Η Χρυσούλα δε θέλει μια χτένα, αλλά θέλει μια φωτογραφία. Ο Βαγγέλης και η Ευαγγελία δε θέλουν μια φωτογραφία, αλλά θέλουν έναν καφέ. Ο μπαμπάς δεν είναι εδώ, αλλά είναι στην εκκλησία. Η Χρυσούλα δε βγάζει τη ζακέτα, αλλά βγάζει το καπέλο. Μα εδώ δεν είναι ο Μάρλον Μπράντο, εδώ είναι η Χρυσούλα! Η μαμά δε σκουπίζει την εκκλησία, αλλά σκουπίζει την κουζίνα. Η Χρυσούλα δεν πηγαίνει στην εκκλησία, αλλά πηγαίνει στο φωτογραφείο.

8 Η Χρυσούλα πηγαίνει στο ατελιέ και βλέπει τον Κώστα το ζωγράφο.
Χρυσούλα: Είστε ζωγράφος;
Κώστας ζωγράφος: Μάλιστα. Τι θέλετε;
Χρ.: Θέλω έναν πίνακα...
Κ.: Αμέσως. Εκεί είναι ο καθρέφτης.
Χρ.: Δε θέλω τον καθρέφτη, θέλω έναν πίνακα...
Κ.: Ο καθρέφτης είναι για την ομορφιά. Κραγιόν έχετε;
Χρ.: Όχι, δεν έχω.
Κ.: Θέλετε ένα κραγιόν;
Χρ.: Όχι, θέλω έναν πίνακα...
Κ.: Μια στιγμή! Όλοι θέλουν έναν πίνακα.
Χρ.: Ναι, μα εγώ θέλω έναν πίνακα...
Κ.: Μάλιστα. Εδώ έχουμε τη λάμπα, ένα σκαμνί και τα χρώματα.
Χρ.: Ναι, βλέπω. Και τι κάνετε με τα χρώματα, το σκαμνί και τη λάμπα;
Κ.: Ζωγραφίζω.
Χρ.: Καλά, και εγώ βγάζω το καπέλο και τη ζακέτα και περιμένω.
Κ.: Εντάξει;
Χρ.: Τι εντάξει; Πού είναι ο πίνακας...;
Κ.: Αμέσως· ένα χαμόγελο παρακαλώ... Ορίστε ο πίνακας!
Χρ.: Ο πίνακας; Μα εδώ είμαι εγώ! Και εγώ θέλω τον Χάμφρεϋ Μπόγκαρτ!

9 a) καθρέφτης — χτένα — θέλω — εδώ = θέλω
b) ξέρω — εντάξει — ζακέτα — ένας = έναν
c) καπέλο — αμέσως — φωτογράφος — εγώ = καφέ
d) βλέπω — παρακαλώ — τώρα — έχουμε — φωτογραφία — (ο) Βαγγέλης — γαϊδούρι — πίνακας — χαμόγελο = βαρύγλυκο (= stark und süß)

10 A) Τι κάνετε με τη μηχανή;
Βγάζω φωτογραφία. Θέλετε μια φωτογραφία;
Ναι.

Αμέσως. Εδώ έχουμε τη λάμπα, το σκαμνί και τη μηχανή.
Εντάξει. Μια στιγμή! Έχετε μια χτένα;
Όχι.
Τότε δε βγάζω το καπέλο.
Ένα χαμόγελο, παρακαλώ! Ορίστε η φωτογραφία.
Βλέπω μόνο το καπέλο. Κρίμα!

B) Στο ατελιέ ζωγραφίζει ο ζωγράφος έναν πίνακα. Η Χρυσούλα δε θέλει τον πίνακα. Τα χρώματα δεν είναι εντάξει. Περιμένει και περιμένει. Βγάζει το καπέλο και τη ζακέτα. Τώρα ο πίνακας είναι εντάξει.

Lektion 5

1 Βλέπω λάμπες, τραπέζια, φωτογραφίες, καθρέφτες, ανθρώπους, φαγητά και ποτήρια του νερού.
Βλέπω παιδιά, δύο φίλες, πέντε άντρες, τρία γαϊδούρια, βουνά, σπίτια και τον ουρανό.
Ακούω το μεγάφωνο, μουσική, φωνές, τραγούδια, γάτους και γάτες.
Διαβάζω ένα γράμμα, βιβλία και εφημερίδες.
Τρώω ψωμί, τυρί και ελιές και πίνω ούζο και ρετσίνα.

Η μαμά δεν πάει στην εκκλησία. Ο μπαμπάς είναι Ρωμιός. Εσύ τρως τις ελιές, εγώ τρώω ψωμί. Τι ώρα είναι; Το παιδί έχει δύο ραδιόφωνα. Τα σπίρτα δεν είναι εδώ. Τα παιδιά βλέπουν τα βουνά Ξέρεις, Γιάννη, αρχαία ελληνικά; Όχι, αλλά μαθαίνω. Από το ένα αφτί μπαίνει και από το άλλο βγαίνει.

2 Ο Ούβε και ο Δημήτρης περιμένουν το τρένο / ένα τρένο. Ο Ούβε βλέπει το μάγειρα, τον καθρέφτη, το τραπέζι / ένα μάγειρα, έναν καθρέφτη, ένα τραπέζι. Ο Δημήτρης και ο Ούβε ακούνε στο σταθμό τη φωνή, το τραγούδι, το μεγάφωνο / μια φωνή, ένα τραγούδι, ένα μεγάφωνο. Ο Ούβε διαβάζει το βιβλίο, την εφημερίδα / ένα βιβλίο, μια εφημερίδα. Και τρώει την ελιά, το ψωμί, το τυρί / μια ελιά, ένα ψωμί, ένα τυρί. Ο Ούβε πίνει το ούζο, τον καφέ / ένα ούζο, έναν καφέ. Ο Δημήτρης πίνει τη ρετσίνα, το νερό / μια ρετσίνα, ένα νερό. Ο μάγειρας μαθαίνει την τέχνη / μια τέχνη.

3 Ακούς, Μαρία τη φωνή / τις φωνές; Έχουν τα παιδιά το βιβλίο / τα βιβλία; Οι φίλες δεν ξέρουν το τραγούδι / τα τραγούδια. Διαβάζω την εφημερίδα / τις εφημερίδες. Ο Δημήτρης δεν τρώει την ελιά / τις ελιές. Ο Ούβε μαθαίνει το τραγούδι / τα τραγούδια και δεν ακούει τη φωνή / τις φωνές. Η Μαρία βλέπει τη γάτα / τις γάτες και το γάτο / τους γάτους. Έχετε τη μηχανή, το σκαμνί και τη λάμπα / τις μηχανές, τα σκαμνιά και τις λάμπες; Η Μαρία και η Χρυσούλα βγάζουν το καπέλο και τη ζακέτα / τα καπέλα και τις ζακέτες. Βλέπω το γαϊδούρι, το παιδί, τον άντρα, τη λάμπα, το τραπέζι, τη φίλη και τον καθρέφτη / τα γαϊδούρια, τα παιδιά, τους άντρες, τις λάμπες, τα τραπέζια, τις φίλες και τους καθρέφτες, αλλά δε βλέπω το τρένο / τα τρένα. Όσοι έχουν το μαχαίρι / τα μαχαίρια, δεν είναι όλοι μάγειρες.

4 Διαβάζεις εφημερίδες; Διαβάζετε εφημερίδες; Δε διαβάζω εφημερίδες. Δε διαβάζουμε εφημερίδες. — Ακούς ραδιόφωνο; Ακούτε ραδιόφωνο; Δεν ακούω ραδιόφωνο. Δεν ακούμε ραδιόφωνο. — Λες τραγούδια; Λέτε τραγούδια; Δε λέω τραγούδια. Δε λέμε τραγούδια. — Πας στη Γερμανία; Πάτε στη Γερμανία; Δεν πάω στη Γερμανία. Δεν πάμε στη Γερμανία. — Περιμένεις το παιδί; Περιμένετε το παιδί; Δεν περιμένω το παιδί. Δεν περιμένουμε το παιδί. — Ακούς μουσική; Ακούτε μουσική; Δεν ακούω μουσική. Δεν ακούμε μουσική. — Τρως τυρί; Τρώτε τυρί; Δεν τρώω τυρί. Δεν τρώμε τυρί. — Πίνεις ούζο; Πίνετε ούζο; Δεν πίνω ούζο. Δεν πίνουμε ούζο. — Ξέρεις ελληνικά; Ξέρετε ελληνικά; Δεν ξέρω ελληνικά. Δεν ξέρουμε ελληνικά.

5 Εγώ ακούω μια φωνή, εσύ τι ακούς; Εμείς ακούμε μια φωνή, εσείς τι ακούτε; Αυτός ακούει μια φωνή, αυτοί τι ακούν; — Εγώ βγάζω τη ζακέτα, εσύ τι βγάζεις; Εμείς βγάζουμε τη ζακέτα, εσείς τι βγάζετε; Αυτός βγάζει τη ζακέτα, αυτοί τι βγάζουν; — Εγώ βλέπω ποντίκια, εσύ τι βλέπεις; Εμείς βλέπουμε ποντίκια, εσείς τι βλέπετε; Αυτός βλέπει ποντίκια, αυτοί τι βλέπουν; — Εγώ λέω ένα τραγούδι, εσύ τι λες; Εμείς λέμε ένα τραγούδι, εσείς τι λέτε; Αυτός λέει ένα τραγούδι, αυτοί τι λένε; — Εγώ περιμένω το τρένο, εσύ τι περιμένεις; Εμείς περιμένουμε το τρένο, εσείς τι περιμένετε; Αυτός περιμένει το τρένο, αυτοί τι περιμένουν; — Εγώ τρώω ελιές, εσύ τι τρως; Εμείς τρώμε ελιές, εσείς τι τρώτε; Αυτός τρώει ελιές, αυτοί τι τρώνε; — Εγώ μαθαίνω ελληνικά, εσύ τι μαθαίνεις; Εμείς μαθαίνουμε ελληνικά, εσείς τι μαθαίνετε; Αυτός μαθαίνει ελληνικά, αυτοί τι μαθαίνουν; — Εγώ κερδίζω το παιχνίδι, εσύ τι κερδίζεις; Εμείς κερδίζουμε το παιχνίδι, εσείς τι κερδίζετε; Αυτός κερδίζει το παιχνίδι, αυτοί τι κερδίζουν;

6 Ο Δημήτρης είναι στην Ελλάδα. Η Ευαγγελία πάει στο φωτογραφείο. Ο παπάς είναι στην εκκλησία. Τα σπίρτα και τα τσιγάρα είναι στην κουζίνα. Ο Βαγγέλης λέει κάτι στο αφτί της Ευαγγελίας. Η Μαρία βλέπει ένα ποντίκι στη λεμονάδα.

7 a) Όταν λείπει ο γάτος, χορεύουν τα ποντίκια.
b) Χωρίς ακουστικό ο Ούβε δεν ακούει τραγούδια και δεν παίζει μουσική.
c) Εσύ ξέρεις τόσο καλά ελληνικά!
d) Όσοι έχουν μαχαίρι, δεν είναι όλοι μάγειρες.
e) Ο Δημήτρης μαθαίνει στο πανεπιστήμιο αρχαία ελληνικά και ο Ούβε νέα ελληνικά.
f) Από το ένα αφτί μπαίνει, από το άλλο βγαίνει.

9 1. Ο Ούβε δεν ξέρει νέα ελληνικά, μόνο αρχαία ελληνικά. Αλλά μαθαίνει τώρα και νέα ελληνικά. Η Μαρίνα δεν ξέρει αρχαία ελληνικά, αλλά νέα ελληνικά καλά. Δεν πηγαίνει στο μάθημα.
2. Ο Χούγκο ξέρει καλά ελληνικά, αλλά δεν ακούει καλά. Περιμένει στο σταθμό το τρένο. Στο καφενείο του σταθμού πίνει ένα ούζο και διαβάζει ένα βιβλίο. Δεν ακούει τίποτα και δε βλέπει τίποτα, μόνο διαβάζει και πίνει. Ξαφνικά φωνάζει: Όμηρε, Όμηρε! Από δύο τραπέζια φωνάζουν δύο κύριοι: Ορίστε, τι θέλετε; Και ο Χούγκο: Συγνώμη, εδώ διαβάζω τον Όμηρο!
3. Μήπως είστε Έλληνας; — Όχι, δεν είμαι Έλληνας, αλλά Γερμανός. — Αλλά ξέρετε τόσο καλά ελληνικά! — Ναι, μαθαίνω αρχαία ελληνικά. — Νέα ελληνικά! — Όχι, αρχαία ελληνικά. — Δεν καταλαβαίνω τίποτα. — Νέα ελληνικά ξέρω, αρχαία ελληνικά μαθαίνω.

Lektion 6

1 Το γκαρσόνι φέρνει τους μεζέδες. Εγώ θέλω και μια φέτα, παρακαλώ, και για γλυκό ένα αχλάδι, αλλά όχι νερό της βρύσης.
Ο καφές είναι του καταστήματος. Ο Γιάννης βάζει τη λάμπα πάνω στο τραπέζι και η Ευτυχία βλέπει δύο φίλες, πέντε άντρες, μαθητές, βουνά, τρία παιδιά, μόνο τρένο δε βλέπει. Ο Γιάννης έχει δουλειά και φεύγει. Δεν πληρώνει γιατί δεν έχει λεφτά. Γιατί πληρώνει η Ευτυχία; Τι ερώτηση είναι αυτή; Γιατί τρώει πολύ.

2 Η Ευτυχία και ο Γιάννης πάνε στην ταβέρνα του Μανόλη.
Ο Μανόλης έχει γύρο, κοκορέτσι, μοσχάρι ψητό, πατάτες του φούρνου, μακαρόνια, ρύζι και πολλές σαλάτες. Σήμερα έχει και ψάρια.
Έχει ρετσίνα και ούζο.
Ναι, έχει καλούς μεζέδες.
Έχει ντολμαδάκια, τζατζίκι, ταραμοσαλάτα, ελιές, σαρδέλες και αγγουροντοματοσαλάτα.

Lektion 6

Η Ευτυχία τρώει για μεζέ ντολμαδάκια, τζατζίκι, ταραμοσαλάτα, ελιές, σαρδέλες, μια αγγουροντοματοσαλάτα και για φαγητό μοσχάρι ψητό, κεφτέδες με πατατούλες και σαλάτα λάχανο.
Ο Γιάννης δεν τρώει τίποτα.
Δεν πίνει τίποτα. Γιατί νηστεύει.
Για γλυκό έχει μπακλαβά, καταΐφι, παγωτό και γλυκό του κουταλιού.
Όχι, ο Γιάννης δεν έχει λεφτά.
Δεν ξέρω.
Μάλλον η Ευτυχία.
Γιατί έχει δουλειά. Oder, was den Kern der Sache besser treffen würde: Γιατί δεν έχει λεφτά.

3 Βάζει τη σαλάτα στη μέση του τραπεζιού.
Φέρνει τις πατάτες στο Μανόλη.
Δίνει τους κεφτέδες στην Ευτυχία.
Βάζει τα ντολμαδάκια στο τραπέζι.
Διαβάζει το γράμμα στο σπίτι.
Αρχίζει το μάθημα στο πανεπιστήμιο.

4 Για ποτό θέλω ούζο. Για γλυκό θέλει μπακλαβά. Για φαγητό θέλουν μοσχάρι ψητό, κεφτέδες με πατατούλες και σαλάτα λάχανο. Για μεζέ θέλουμε ταραμοσαλάτα, τζατζίκι, ελιές, σαρδέλες και ντολμαδάκια. Για συμπλήρωμα θέλει ένα αχλάδι.

5 Μήπως θέλετε ένα γλυκό του κουταλιού; Μήπως θέλετε μια ταραμοσαλάτα; Μήπως θέλετε μια ρετσίνα; Μήπως θέλετε πατάτες του φούρνου; Μήπως θέλετε μακαρόνια; Μήπως θέλετε κεφτέδες με πατάτες τηγανητές; Μήπως θέλετε ενά καταΐφι; Μήπως θέλετε ένα γύρο; Μήπως θέλετε ένα αχλάδι; Μήπως θέλετε ένα ουζάκι; Μήπως θέλετε ντολμαδάκια; Μήπως θέλετε ένα κοκορέτσι; Μήπως θέλετε μια αγγουροντοματοσαλάτα; Μήπως θέλετε έναν καφέ; Μήπως θέλετε ένα ψωμί; Μήπως θέλετε ένα νερό της βρύσης;

6 Δεν πίνει τίποτε. — Δε βλέπω τίποτε. — Δεν έχουν τίποτε. — Δε θέλω τίποτε.

7 Από σήμερα νηστεύω. Θέλει ένα παγωτό για συμπλήρωμα. Θέλετε το φαγητό με ρετσίνα ή με νερό; Ο Βαγγέλης είναι σε μια ταβέρνα. Ο καφές είναι για το Μανόλη, όχι για την Ευτυχία. Δίνει τους κεφτέδες στο Γιώργο. Ο Μανόλης και η Ευαγγελία τρώνε από τρεις σαλάτες. Οι πατάτες είναι για τον κύριο, η ζάχαρη για τον καφέ. Πίνει νερό από τη βρύση. Ο παπάς είναι στην εκκλησία. Τι βάζεις πάνω στους κεφτέδες; Πηγαίνει με τους φίλους στο

θέατρο. Σήμερα η Ευαγγελία είναι στη Βόννη. Οι πατάτες είναι από το φούρνο. Τι λες για το κρασί;

8 Ο πίνακας είναι πάνω από το τραπέζι. Βάζει τους μεζέδες πάνω στο τραπέζι. Μπροστά από τη μηχανή είναι το σκαμνί. Το καφενείο είναι πίσω από την εκκλησία. Πίσω στην εκκλησία είναι ο παπάς. Το σκυλί είναι κάτω από το τραπέζι. Τώρα είναι πάνω στο τραπέζι. Ουστ!

9 Στην κουζίνα έχει ένα σκαμνί και ένα τραπέζι. Η μαμά έχει μια χτένα. Κάτω από το τραπέζι έχει ένα μεγάφωνο. Ο Ούβε έχει ένα ακουστικό. Στο σταθμό έχει ανθρώπους και ένα τρένο. Στην ταβέρνα του Μανόλη έχει φαγητά, κρασί και ούζο. Στα καφενεία έχει καφέ, νερό, γλυκά και εφημερίδες. Στο φωτογραφείο έχει μια λάμπα, έναν καθρέφτη και ένα φωτογράφο. Στην εκκλησία έχει έναν παπά, κυρίους και παιδιά. Σήμερα δεν έχει τίποτε στην εφημερίδα.

10 μια ταβέρνα, δυο κεφτέδες, τρία γράμματα, τέσσερις άνθρωποι, πέντε παιδιά, έξι καφέδες, εφτά γυναίκες, οχτώ πόλεις, εννιά κύριοι, δέκα φαγητά.

11 Το γκαρσόνι φέρνει στον κύριο Βαγγέλη ψωμί και νερό. Περιμένει την παραγγελία του κυρίου Βαγγέλη. Αυτός λέει: Σήμερα τρώω μόνο μεζέδες και όχι φαγητά. Για μεζέ θέλω ένα γύρο.
Γκαρσόνι: Μα ο γύρος είναι φαγητό, όχι μεζές.
Ο κ. Βαγγέλης: Αλλά εγώ θέλω γύρο!
Γκαρσόνι: Ορίστε! Αμέσως!
Ο κ. Βαγγέλης: Και για συμπλήρωμα ένα αχλάδι.
Γκαρσόνι: Δεν έχουμε αχλάδια σήμερα.
Ο κ. Βαγγέλης: Και τι έχετε;
Γκαρσόνι: Μοσχάρι ψητό.
Ο κ. Βαγγέλης: Λέω για γλυκό, όχι για φαγητό.
Γκαρσόνι: Όταν τρώτε γύρο για μεζέ, γιατί δεν τρώτε μοσχάρι ψητό για γλυκό;
Ο κ. Βαγγέλης: Γιατί νηστεύω!

Lektion 7

1

Singular	Plural
ο καλός καφές	οι καλοί καφέδες
του καλού καφέ	των καλών καφέδων
τον καλό καφέ	τους καλούς καφέδες

Lektion 7

Singular	Plural
η πλούσια πόλη	οι πλούσιες πόλεις
της πλούσιας πόλης	των πλούσιων πόλεων
την πλούσια πόλη	τις πλούσιες πόλεις

Singular	Plural
το μεγάλο σπίτι	τα μεγάλα σπίτια
του μεγάλου σπιτιού	των μεγάλων σπιτιών
το μεγάλο σπίτι	τα μεγάλα σπίτια

2 Μιαν ομπρέλα / Ένα μπερέ, παρακαλώ!

Κώστας: Χαίρετε!

Πωλήτρια: Καλημέρα, τι θέλετε;

Κώστας: Μιαν ομπρέλα / Ένα μπερέ και γρήγορα παρακαλώ, είμαι πολύ βιαστικός.

Πωλήτρια: Τι ομπρέλα / μπερέ θέλετε; Έχουμε πολύ ωραίες ομπρέλες / ωραίους μπερέδες. Ομπρέλες / Μπερέδες για το χειμώνα, ομπρέλες / μπερέδες για το καλοκαίρι, ομπρέλες / μπερέδες για την άνοιξη και ομπρέλες / μπερέδες για το φθινόπωρο.

Κώστας: Θέλω μια ομπρέλα / ένα μπερέ για τη βροχή.

Πωλήτρια: Μια ψάθινη / Έναν ψάθινο, δηλαδή;

Κώστας: Όχι, από ύφασμα.

Πωλήτρια: Τι χρώμα; Άσπρη, μαύρη, κόκκινη, μπλε, πράσινη ή γκρίζα ομπρέλα / Άσπρο, μαύρο, κόκκινο, μπλε, πράσινο ή γκρίζο μπερέ;

Κώστας: Κίτρινη / Κίτρινο δεν έχετε; Θέλω μια σκούρα κίτρινη / ένα σκούρο κίτρινο!

Πωλήτρια: Δηλαδή ψάθινη / ψάθινο;

Κώστας: Όχι, από ύφασμα! Δεν ακούτε καλά;

Πωλήτρια: Ορίστε, μια κίτρινη / έναν κίτρινο με μαύρη λουρίδα, πολύ ωραία / ωραίος δεν είναι;

Κώστας: Δεν είναι κακή / κακός, αλλά είναι μικρή / μικρός. Εγώ έχω μεγάλο κεφάλι.

Πωλήτρια: Ορίστε, μια πιο μεγάλη / ένας πιο μεγάλος!

Κώστας: Αλλά αυτή / αυτός είναι χοντρή / χοντρός και ζεστή / ζεστός!

Πωλήτρια: Μα τι λέτε, αφού είναι λεπτή / λεπτός και δροσερή / δροσερός!

Κώστας: Ίσως για το χειμώνα· πάντως για το καλοκαίρι είναι πολύ ζεστή / πολύ ζεστός.

Πωλήτρια: Φυσικά για το καλοκαίρι, για το χειμώνα έχουμε άλλες / άλλους, πολύ ωραίες ομπρέλες / πολύ ωραίους μπερέδες.

Κώστας: Γι' αυτό θέλω κι εγώ μια μεγάλη, λεπτή, δροσερή, σκούρα κίτρινη ομπρέλα / ένα μεγάλο, λεπτό, δροσερό, σκούρο κίτρινο μπερέ από ύφασμα για τη βροχή.

Πωλήτρια: Να μια λίγο πιο μικρή, λίγο πιο χοντρή, λίγο πιο ζεστή, άσπρη με κίτρινη κορδέλα / ένας λίγο πιο μικρός, λίγο πιο χοντρός, λίγο πιο ζεστός, άσπρος με κίτρινη κορδέλα.
Κώστας: Όμορφη ομπρέλα / όμορφος μπερές!
Πωλήτρια: Θαύμα! Η πιο ωραία ομπρέλα / Ο πιο ωραίος μπερές που υπάρχει.
Κώστας: Πόσο κάνει;
Πωλήτρια: Είκοσι χιλιάδες δραχμές!
Κώστας: Ε όχι, είναι πάρα πολύ ακριβή / ακριβός!
Πωλήτρια: Όχι, τζάμπα είναι, κύριε, χοντρή και λεπτή, μικρή και μεγάλη, ζεστή και δροσερή, κίτρινη και άσπρη, μοντέρνα και καινούρια, όλα αυτά σε μιαν ομπρέλα / χοντρός και λεπτός, μικρός και μεγάλος, ζεστός και δροσερός, κίτρινος και άσπρος, μοντέρνος και καινούριος, όλα αυτά σε ένα μπερέ!
Κώστας: Μα είναι στρογγυλή / στρογγυλός!
Πωλήτρια: Κι εσείς θέλετε μια τετράγωνη / έναν τετράγωνο;
Κώστας: Όχι ακριβώς τετράγωνη / τετράγωνο, λίγο τρίγωνη / τρίγωνο, αλλά με μπαταρίες και αιρ κοντίσιον!

3 Το καπέλο είναι από σκούρο ύφασμα. Ο Γιάννης έχει ωραία φωνή. Το μικρό μοντέρνο σπίτι είναι άσπρο. Ο κύριος Κώστας είναι κοντός, άσχημος, χοντρός και βιαστικός, αλλά η πωλήτρια είναι ψηλή, ωραία, λεπτή και γρήγορη. Οι μοντέρνοι άνθρωποι πίνουν κρύο καφέ. Ο ήλιος του χειμώνα δεν είναι ζεστός. Η ταβέρνα του Μανόλη έχει πολλά, αλλά όχι καλά φαγητά. Το γκαρσόνι φέρνει ένα μικρό μεζέ, δυο γεμάτα ποτήρια κρασί, μια καλή σαλάτα, λίγους κεφτέδες με πολλή ρίγανη και ένα μεγάλο λογαριασμό.

4 Στην Ελλάδα ο κόσμος δεν τρώει πολύ. Τρώει λίγο και καλά. Η Μαρία δε διαβάζει γρήγορα. Γράφει όμως πολύ ωραία. Στην ταβέρνα του Μανόλη πίνουμε πολύ, αλλά δεν πληρώνουμε ακριβά. Αρχαία Ελληνικά ξέρω καλά, αλλά νέα Ελληνικά ξέρω πιο καλά. Η πωλήτρια φέρνει γρήγορα ένα καπέλο, αλλά δυστυχώς το καπέλο δεν είναι τετράγωνο. Τι ώρα είναι ακριβώς; Βλέπω την Ευτυχία πολύ λίγο. Ο φωτογράφος βάζει τη μηχανή πολύ ψηλά.

5 Ο μπερές είναι άσπρος; Όχι, ο μπερές δεν είναι άσπρος, είναι μαύρος.
Ο Γιάννης είναι μεγάλος; Όχι, ο Γιάννης δεν είναι μεγάλος, είναι μικρός.
Τα καπέλα είναι φτηνά; Όχι, τα καπέλα δεν είναι φτηνά, είναι ακριβά.
Οι καφέδες είναι ζεστοί; Όχι, οι καφέδες δεν είναι ζεστοί, είναι κρύοι.
Η ομπρέλα είναι τετράγωνη; Όχι, η ομπρέλα δεν είναι τετράγωνη, είναι στρογγυλή.

Η Ευτυχία διαβάζει λίγο; Όχι, η Ευτυχία δε διαβάζει λίγο, διαβάζει πολύ.
Οι κεφτέδες είναι μεγάλοι; Όχι, οι κεφτέδες δεν είναι μεγάλοι, είναι μικροί.

6 Ο Κώστας είναι μεγάλος, η Μαρία είναι πιο μεγάλη / μεγαλύτερη από τον Κώστα, είναι το πιο μεγάλο / το μεγαλύτερο από τα παιδιά της Ευτυχίας.
Το σπίτι είναι μικρό, αλλά η κουζίνα είναι το πιο μικρό / το μικρότερο δωμάτιο του σπιτιού.
Στο Μόναχο έχει πολλά ταξί, αλλά στην Αθήνα έχει τα πιο πολλά / περισσότερα της Ευρώπης.
Η Ελλάδα έχει δροσερό κλίμα, έχει το πιο δροσερό / το δροσερότερο κλίμα της Μεσογείου.
Η Χρυσούλα είναι ψηλή. Ο Κώστας είναι πιο ψηλός / ψηλότερος από τη Χρυσούλα, είναι ο πιο ψηλός / ο ψηλότερος στο σχολείο.
Η ομπρέλα είναι ωραία, αλλά μήπως έχετε μια ακόμα πιο ωραία / ωραιότερη;
Η ταβέρνα του Μανόλη έχει ακριβά φαγητά, έχει τα πιο ακριβά / τα ακριβότερα φαγητά που ξέρω.
Ο Γιώργος είναι καλό παιδί. Διαβάζει πιο καλά / καλύτερα από τον Κώστα.

8 1. τώρα, 2. άνοιξη, 3. ελιά, 4. λάχανο, 5. λεφτά, 6. ήλιος, 7. νέος, 8. Ιωάννινα, 9. καταλαβαίνω, 10. αμέσως, 11. δέκα, 12. ευτυχώς, 13. νερό, 14. έπειτα, 15. Ίος, 16. ναι, 17. αχλάδι, 18. Ιθάκη, 19. διαβάζω, 20. ύφασμα, 21. σήμερα, 22. κάνω, 23. όρεξη, 24. λουρίδα, 25. άσπρος
Τα ελληνικά δεν είναι δύσκολα.

9 Θέλω έναν καλό καφέ με πολλή ζάχαρη και για συμπλήρωμα του φαγητού ένα καλό παγωτό. Ο Γιώργος έχει μια ακριβή μηχανή. Βγάζει πολλές φωτογραφίες από όμορφες δεσποινίδες. Για το καλοκαίρι έχουμε όμορφα ψάθινα καπέλα. Αλλά δεν είναι στρογγυλά και δεν έχουν αιρ κοντίσιον. Το πρόγραμμα στην τηλεόραση σήμερα είναι πολύ καλό. Έχει ελληνική μουσική, ελληνικούς χορούς και κλασικό μπαλέτο. Ένας Γερμανός παπάς πηγαίνει χωρίς καπέλο, αλλά ένας Έλληνας παπάς έχει πάντα ένα μεγάλο, ψηλό καπέλο στο κεφάλι.

Test 1

3 Ο Γιώργος βλέπει ένα σκύλο κάτω από ένα σκαμνί. Ο Κώστας και η Αγγελική παίρνουν ένα γράμμα από ένα φίλο. Τρως ένα αχλάδι για συμπλήρωμα; Η Μαρία λέει ένα τραγούδι και χορεύει ένα συρτάκι· αλλά δεν πίνει ούτε μια ρετσίνα. Ο γείτονας είναι ένας καλός άνθρωπος. Σ' αυτό το καφενείο βρίσκεις πάντα έναν καλό καφέ και μια καλή εφημερίδα. Αν έχεις ένα φίλο δεν είσαι ποτέ μόνος. Διαβάζεις τώρα ένα βιβλίο ή ένα Μίκυ-μάους;

4 Βγάζω με τη μηχανή μια φωτογραφία. Η Χρυσούλα δε θέλει μια χτένα, αλλά μια φωτογραφία. Ο Μπαμπάς πλένει τα πιάτα στην κουζίνα. Ο παπάς δεν είναι στην εκκλησία, αλλά στο σπίτι. Ο Ούβε δεν είναι Ρωμιός, αλλά Γερμανός. Δε μαθαίνω ελληνικά γιατί τα ξέρω. Ο Γιάννης δεν πληρώνει το λογαριασμό. Η ταβέρνα έχει καλούς μεζέδες. Εμείς πίνουμε τον καφέ χωρίς γάλα, αλλά με ζάχαρη.

5 Τι γράφει η Μαρία; Ο φωτογράφος βγάζει μια φωτογραφία. Ο Γιώργος και η Ελένη δεν έχουν χτένα. Έχεις μια μπάλα, Κώστα; Τι κάνετε με τη μηχανή, κύριε Γιώργο; Η Χρυσούλα πάει με το τρένο στην Ελλάδα. Ο Δημήτρης δεν ακούει χωρίς ακουστικό. Γκαρσόν, έχει για γλυκό ένα μπακλαβά; Ο καφές είναι του καταστήματος, ο λογαριασμός είναι της κυρίας, το νερό είναι της βρύσης και είναι για τον κύριο. Το ωραίο ψάθινο καπέλο είναι στο τραπεζάκι πάνω από το τάβλι.

6 Διαβάζει για το πανεπιστήμιο. Θέλω τη φωτογραφία για τη μαμά. Ο Βαγγέλης πλένει τα πιάτα. Ο μεζές είναι του κυρίου. Ορίστε οι πατάτες του φούρνου. Το καπέλο είναι για τον ήλιο. Δε βλέπω το τρένο, αλλά ακούω το μεγάφωνο. Στο γιαλό δεν είναι η βάρκα. »Τον άντρα μου τον αγαπώ, το γείτονα καλύτερα«. Το πιο ωραίο καπέλο που υπάρχει είναι στρογγυλό. Πρώτα τρώμε τους μεζέδες, ύστερα τρώμε τις σαλάτες και τα φαγητά. Οι μπερέδες των δυο κυρίων είναι μπλε, αλλά οι ομπρέλες των δυο κυριών είναι κόκκινες. Ο χειμώνας της Ελλάδας δεν είναι τόσο κρύος όσο ο χειμώνας της Γερμανίας. Οι λεμονάδες και τα παγωτά είναι των παιδιών. Το καπέλο φτάνει στη στέγη του σπιτιού.

7 Το παιδί φέρνει το γράμμα στο γκαρσόνι. Το γκαρσόνι πάει τους μεζέδες στους κυρίους. Ο Κώστας γράφει γράμμα στη Μαρία, αλλά η Μαρία δε γράφει γράμμα στον Κώστα. Η δεσποινίς δεν πληρώνει το λογαριασμό στο γκαρσόνι. Ο Ούβε δεν ακούει το Δημήτρη. Στην ταβέρνα της κυρίας Πηνελόπης έχει ρετσίνα, μεζέδες, ούζο, κονιάκ, μπίρα, αλλά όχι νερό της βρύσης. Η αγγουρο-ντοματοσαλάτα είναι από αγγούρια, ντομάτες, λάδι, ξίδι, αλάτι και ρίγανη. Στο μπαλκόνι έχει ένα τραπεζάκι και ένα φλυτζάνι του καφέ.

8 Φέρνει το ψωμί από το κατάστημα. Διαβάζω από το βιβλίο. Από σήμερα τρώει μόνο πατάτες και πίνει για δύο. Πηγαίνω με το τρένο. Δεν τρώει ούτε ψάρι ούτε ψητό. Ούτε το ραδιόφωνο ούτε το τηλέφωνο ακούτε; Στο σπίτι έχει βιβλία, τραπέζια, λάμπες και ένα τηλέφωνο. Στο σταθμό έχει μόνο ένα καφενείο. Δεν πίνετε ούτε ούζο ούτε ρετσίνα; Πού πηγαίνετε / πάτε; Στην Αθήνα; Όχι, στην Καβάλα. Το καπέλο είναι πολύ μικρό. Εδώ έχει πολλά ποτά, αλλά ο Γιώργος πίνει μόνο νερό. Το λογαριασμό, παρακαλώ!

Lektion 8

1 Σήμερα ψωνίζει ο Γιώργος.
Ο Γιώργος ψωνίζει στο μανάβικο.
Ένα μανάβικο έχει φρούτα και λαχανικά.
Ο Γιώργος θέλει δύο κιλά πορτοκάλια, ένα κιλό μήλα, μισό κιλό μαρούλια και ένα σκόρδο.
Ο μανάβης έχει γλυκά και ξινά μήλα.
Ο Γιώργος παίρνει από τα ξινά.
Γιατί τέτοια μήλα του αρέσουν.
Ο μανάβης ζυγίζει τα πορτοκάλια.
Όχι, τη σαλάτα δεν την ζυγίζει.
Τα βάζει όλα μαζί σε μια νάυλον σακούλα.
Όλα μαζί κάνουν ακριβώς δύο χιλιάδες.
Ο Γιώργος λέει ότι είναι ακριβά, αλλά ο μανάβης λέει ότι είναι φτηνά.
Ο μανάβης δείχνει στο Γιώργο και σταφύλια.
Ο μανάβης λέει ναι, αλλά η Μιμίκα λέει όχι.
Όχι, δεν παίρνει σταφύλια.
Γιατί πιστεύει τη Μιμίκα.
Όχι, δεν παίρνει ντομάτες.
Γιατί δεν αρέσουν στη Μιμίκα.
Όχι, ούτε τα παντζάρια ούτε τα αγγούρια ούτε τα λάχανα αρέσουν στη Μιμίκα.
Ο μανάβης χαρίζει στο Γιώργο μια καυτερή πιπεριά.
Γιατί: κάθε πρωί ένα κομματάκι και »η στρίγγλα έγινε αρνάκι«.

2

	λάθος	σωστό
Ο μανάβης παίρνει τα πορτοκάλια ένα ένα και τα βάζει σε μια χαρτοσακούλα.	✔	
Ζυγίζει και τη σαλάτα.	✔	
Χαρίζει στο Γιώργο ένα σκόρδο.		✔
Οι ντομάτες αρέσουν στη Μιμίκα.	✔	
Η Μιμίκα είναι καλή πελάτισσα.		✔

	λάθος	σωστό
Ο Γιώργος και η Μιμίκα είναι καλοί φίλοι.		✔
Ο μανάβης χαρίζει στο Γιώργο τα καρότα και τις μελιτζάνες.	✔	
Ο Γιώργος ψωνίζει αγγούρια, λάχανα και καρότα.	✔	
Τα σταφύλια του μανάβη είναι τα καλύτερα που υπάρχουν.	✔ ή	✔
Τα παντζάρια και τα αγγούρια τα βάζει ο μανάβης σε μια νάυλον σακούλα.	✔	
Τα μήλα, τα πορτοκάλια και η σαλάτα κάνουν όλα μαζί ένα χιλιάρικο.		✔

3 Δεν τον βλέπω. Ο Γιώργος μας φωνάζει. Τα διαλέγει ο ίδιος. Το τυλίγει σε μια εφημερίδα. Πώς σε λένε; Με λένε Γιώργο. Η Μιμίκα το λέει. Ποιος σε φωνάζει; Ο μανάβης τα ζυγίζει.

4 Μας αρέσουν τα σταφύλια. Ο μανάβης μου χαρίζει ένα μαρούλι. Σας δίνουν την εφημερίδα. Η φωτογραφία του αρέσει πολύ. Τους δείχνει το σπίτι. Ο ίδιος της κάνει μάθημα. Ποιος μας δίνει από ένα τσιγάρο; Ποιος τους φέρνει τους καφέδες; Αυτό δε μου αρέσει καθόλου.

5 Βλέπετε τι μας κάνουν οι γυναίκες; Τι της λέτε; Την ακούτε και την πιστεύτε; Δε σε βλέπω καλά. Μου λες ψέματα. Ποιος σας τα λέει αυτά; Τη σαλάτα την τυλίγει σε μια εφημερίδα, ζυγίζει τα πορτοκάλια και τα βάζει όλα μαζί σε μια νάυλον σακούλα. Δε σας φτάνει που σας χαρίζω αυτή την πιπεριά; Σας τα δείχνω τα σταφύλια και τα βλέπετε ο ίδιος και τα διαλέγετε. Ο μανάβης του δείχνει τα μήλα και του τα δίνει. Ο μανάβης του δείχνει τη σαλάτα και του την τυλίγει. Δε μου χαρίζει τίποτε.

6 α) Ο μανάβης δίνει τα πορτοκάλια στο Γιώργο και ο Γιώργος του δίνει 500 δραχμές.
   Ο μανάβης του τα δίνει και ο Γιώργος του τις δίνει.

 β) Η Ευτυχία και η Ελένη δείχνουν τα καινούρια βιβλία στη γιαγιά και η γιαγιά τους δείχνει τις παλιές φωτογραφίες.
   Η Ευτυχία και η Ελένη της τα δείχνουν και η γιαγιά τους τις δείχνει.

 γ) Ο Γιάννης και ο Πέτρος βλέπουν το παιδί και το παιδί τους βλέπει.
   Ο Γιάννης και ο Πέτρος το βλέπουν και το παιδί τους βλέπει.

7 Ποιος φωνάζει; Πόσα κιλά σταφύλια θέλετε; Πόσο κάνουν όλα μαζί; Ποιος είσαι εσύ; Και ποια είναι αυτή; Πόσες γλώσσες ξέρεις και ποιες ; Ποιες ντομάτες είναι σάπιες; Αυτές ή εκείνες; Πόσες ντομάτες τρως! Πόσο κάνουν ένα ψητό και μια ρετσίνα; Πόσα ποτήρια πίνει; Το Γιώργο ή ποιον άλλον βλέπεις;

8 Ποιος άλλος θέλει ντομάτες; Το γκαρσόνι φέρνει όλους τους καφέδες, αλλά όχι όλα τα γλυκά. Τα άλλα τα φέρνει έπειτα. Όλος ο κόσμος παραγγέλνει μεζέδες. Όλοι πίνουν ρετσίνα. Αλλά οι άλλοι πίνουν ούζο. Τι άλλο θέλετε; Τίποτε άλλο. Όλα αυτά τα μήλα είναι σάπια, αλλά τα άλλα μήλα είναι εντάξει. Άλλα τσιγάρα δε μου αρέσουν, μόνο αυτά.

9 Πώς σας λένε; Με λένε Πέτρο.
Πώς σε λένε; Με λένε Βαγγέλη.
Πώς τον λένε; Τον λένε Γιώργο.
Πώς τα λένε τα παιδιά; Τα λένε Μαρία και Κώστα.
Πώς το λένε αυτό στα ελληνικά; Το ίδιο όπως και στα γερμανικά: μπράβο.

10 δέκα, ογδόντα, ογδόντα πέντε, δεκατρείς, είκοσι, σαράντα δύο, εκατό, εβδομήντα τέσσερις, δώδεκα, τριάντα μία, πενήντα, ενενήντα πέντε, εξήντα τρεις δραχμές· δώδεκα, είκοσι τέσσερις, τέσσερις, τρεις, έντεκα, είκοσι ώρες· δεκατρείς, σαράντα, δεκαπέντε, εκατό, δέκα, δεκατέσσερις μέρες· δύο, τέσσερις, έξι νύχτες· τρεις, τέσσερις, πέντε, οχτώ, πενήντα δύο βδομάδες· τέσσερα, δεκατέσσερα, ογδόντα, εβδομήντα τρία χρόνια· τρεις, δώδεκα, τέσσερις, έξι, εννιά μήνες.

11 λύση: οχτακόσιες δραχμές, δηλαδή ένα πεντακοσάρικο και τρία κατοστάρικα ή οχτώ κατοστάρικα ή δεκαέξι πενηντάρικα ή τέσσερα κατοστάρικα και οχτώ πενηντάρικα ή εκατόν εξήντα τάληρα κτλ.

12 Καλή όρεξη!

13 Κώστας: Καλημέρα.
Φούρναρης: Καλημέρα, τι θέλετε;
Κ: Μου δίνετε παρακαλώ, ένα μεγάλο και ένα μικρό ψωμί;
Φ: Αυτό ή εκείνο;
Κ: Τούτο εδώ, εκείνο παραείναι μεγάλο.
Φ: Ορίστε το μεγάλο, τώρα και το άλλο.
Κ: Ναι, εκείνο είναι ωραίο.
Φ: Θέλετε και άλλο ψωμί;
Κ: Όχι, αλλά μισό κιλό παξιμάδια.
Φ: Απ' αυτά ή απ' εκείνα;

K: Τι διαφορά έχουν;
Φ: Αυτά είναι σημερινά, εκείνα είναι απ' την περασμένη βδομάδα.
K: Μπαγιάτικα;
Φ: Το ίδιο είναι. Παξιμάδι είναι παξιμάδι. Και παξιμάδι δεν είναι ψωμί φρέσκο.
K: Θέλω μισό κιλό απ' τα παλιά, έχω καλά δόντια και μου αρέσουν τέτοια παξιμάδια.
Φ: Ορίστε μισό κιλό. Τίποτε άλλο;
K: Όχι, ευχαριστώ. Πόσο κάνουν όλα μαζί;
Φ: Τετρακόσιες ογδόντα δραχμές.
K: Ορίστε, ένα πεντακοσάρικο. Αλλά αυτό το χαρτί μέσα στη σακούλα με τα παξιμάδια, τι είναι;
Φ: Η διεύθυνση για έναν καλό οδοντογιατρό!

Lektion 9

1 Όχι, ο κύριος Χατζηγεωργίου και ο κύριος Παπαθεοδωρακόπουλος περιμένουν στο δρόμο ένα ταξί.
Όχι, ο Βασίλης Χατζηγεωργίου σπουδάζει δασολογία στη Γερμανία.
Όχι, οι κύριοι Χατζηγεωργίου και Παπαθεοδωρακόπουλος περιμένουν πολλή ώρα.
Όχι, ο κύριος Χατζηγεωργίου πρέπει να φτάσει γρήγορα στο σπίτι, γιατί τον περιμένουν για φαγητό.
Όχι ο κύριος Παπαθεοδωρακόπουλος δεν έχει ποτέ όρεξη το πρωί.
Όχι, στο γραφείο τρώει μόνο ένα κουλουράκι.
Όχι, οι κύριοι Χατζηγεωργίου και Παπαθεοδωρακόπουλος δεν τρέχουν, δε σπρώχνουν, ούτε σκίζουν τα σακάκια των άλλων και γι' αυτό μένουν πολλές φορές πίσω.
Όχι, ο γιατρός λέει πως δεν πρέπει να νευριάζει ο κύριος Παπαθεοδωρακόπουλος.
Όχι, όλα τα ταξί είναι γεμάτα.
Όχι ο κύριος Παπαθεοδωρακόπουλος δεν έχει καμιά όρεξη να διδάξει τρόπους στο νεαρό, που του σκίζει το σακάκι.
Όχι, η πεθερά του κυρίου Παπαθεοδωρακόπουλου λέει πως η ζωή είναι αγώνας.
Όχι, οι κύριοι πηγαίνουν στο Παγκράτι με το ταξί.

4 Ο κύριος Χατζηγεωργίου πρέπει ~~να φτάνει~~ — να φτάσει γρήγορα στο σπίτι.
Εμείς που δε θέλουμε να σπρώχνουμε — ~~να σπρώξουμε~~, μένουμε πίσω.

Lektion 9

Ο Βασιλάκης θέλει ~~να σπουδάξει~~ — να σπουδάσει δασολογία στη Γερμανία.
Δε βλέπω να υπάρχει — ~~να υπάρξει~~ πουθενά άδειο ταξί.
Ο γιατρός λέει πως δεν πρέπει να νευριάζω — ~~να νευριάσω.~~
Δεν έχω καμιά όρεξη ~~να σας διδάσκω~~ — να σας διδάξω τρόπους, κύριε!
Πρέπει οπωσδήποτε ~~να μου σκίξετε~~ — να μου σκίσετε το σακάκι;

5 Ξέρει να ζωγραφίζει. Του αρέσει να ψωνίζει. Ο μανάβης θέλει να τυλίγει πάντα τη σαλάτα. Η Σοφία ξέρει να ακούει και έτσι μαθαίνει να καταλαβαίνει πιο γρήγορα από τους άλλους. Όταν δε βρίσκει αμέσως ταξί, αρχίζει να νευριάζει. Τους αρέσει να νηστεύουν πρώτα και μετά να τρώνε περισσότερο. Δεν της αρέσει να πληρώνει πάντα τα φαγητά των άλλων. Ξέρει να κερδίζει πολλά. Δε θέλει να πίνει πολύ. Αυτή την εφημερίδα δεν πρέπει να την διαβάζουν μικρά παιδιά. Δεν πρέπει να λείπει ποτέ το ψωμί και η ελιά από το τραπέζι. Δεν πρέπει να νευριάζει ο κύριος για το τίποτε.

6 Θέλει να το διαλέξει ο ίδιος. Θέλουν να φτάσουν γρήγορα στο σταθμό. Δε θέλω να φωνάξω, γιατί δεν έχω σήμερα φωνή. Δε θέλεις να διαβάσεις αυτή την εφημερίδα; Δε θέλετε να με πιστέψετε πως πεινάω πολύ; Ο Γιάννης δε θέλει να πληρώσει το λογαριασμό. Θέλουν να κοιτάξουν πρώτα αν έχει φαγητά. Θέλουν να μας διδάξουν τρόπους. Θέλεις να μου σκίσεις το σακάκι; Δε θέλετε να μας ανοίξετε την πόρτα. Αυτήν τη δουλειά δε θέλει να την κάνει ο Γιώργος. Γιατί δε θέλεις να μας γράψεις αυτό το γράμμα;

7 Γιατί δε θέλεις να διαβάσω εγώ αυτό το περιοδικό; Δε θέλω να σπρώξω τον κύριο! Ο Κώστας και ο Μανόλης πρέπει να τρέξουν στο σταθμό. Ο μανάβης δε θέλει να διαλέξω εγώ τη σαλάτα. Δεν έχω σπίρτα· πρέπει να μου ανάψεις εσύ το τσιγάρο. Πρέπει να μου δείξεις εσύ το καινούριο σπίτι. Οι κύριοι πρέπει να περιμένουν το ταξί. Η Χρυσούλα πρέπει να γυρίσει γρήγορα, γιατί την περιμένει ο φωτογράφος.

8 Θέλω να πιστέψω πως έχεις δίκιο σ' αυτό το θέμα. Ο κύριος Χατζηγεωργίου πρέπει να φτάσει αμέσως στο σπίτι. Δε θέλει να διδάξει φέτος νέα ελληνικά, αλλά αρχαία. Το παιδί μαθαίνει να ψωνίζει στο μανάβικο. Του αρέσει να διαλέγω εγώ τη σαλάτα. Ο μανάβης πρέπει να τυλίξει τη σαλάτα σε μια εφημερίδα και το παιδί πρέπει να την πληρώσει. Ο Γιώργος θέλει να αγοράσει ένα ψάθινο καπέλο. Του αρέσει να αγοράζει ψάθινα καπέλα. Θέλετε να μου χαρίσετε αυτό το σκόρδο; Αν θέλετε να φτάσετε γρήγορα στο σταθμό, πρέπει να τρέξετε. Ο Νίκος δεν παύει να νιώθει ωραία μετά από τόση ρετσίνα. Δε θέλει να νευριάσει μ' αυτόν το λογαριασμό. Το γκαρσόνι δεν πρέπει να νευριάζει ποτέ με τους τρόπους των πελατών. Αν θέλεις να ανοίξεις τόσο μεγάλο κατάστημα, πρέπει να δουλέψεις πολύ. Αρχίζετε να καταλαβαίνετε καλύτερα τα ελληνικά τώρα;

9 Έχει πουθενά μια καλή ταβέρνα; Όχι, πουθενά. Δεν έχει δίκιο. Δεν ξέρει τίποτε από ταβέρνες. Θέλει μόνο να τρέχει πάντα στο καφενείο, στην ταβέρνα δεν του αρέσει καθόλου. Δεν πάει ποτέ εκεί. Αλλά ο Κώστας πηγαίνει μόνο σε ταβέρνες, όπου έχει και φαγητά. Του αρέσει να πίνει εκεί μια ρετσίνα και να τρώει τους μεζέδες. Τα φαγητά είναι πάρα πολύ ακριβά. Αφού είναι ταξιτζής, δεν πρέπει να πληρώνει για το ταξί. Αφού είναι ταξιτζής, δεν πρέπει να πίνει. Δεν πίνει ποτέ πολύ. Πίνει πιο λίγο από το Νίκο. Δεν πάει ποτέ στο καφενείο. Δε θέλει να νηστεύει. Στην ταβέρνα παραγγέλνει πάντα πάρα πολλούς μεζέδες και μετά του λείπει η παρέα. Αλλά δεν πρέπει να την περιμένει πολλή ώρα. Στο τέλος θέλει να πληρώσει το λογαριασμό. Είναι του καταστήματος, λέει ο Γιάννης, ο εστιάτορας. Μα γιατί, λέει ο Κώστας. Ο γιατρός λέει, δεν πρέπει να νευριάζω, και αν πρέπει τώρα να σου δείξω το λογαριασμό και δε θέλεις να πληρώσεις, πρέπει να νευριάσω. Έξυπνος γιατρός, λέει ο Κώστας.

Lektion 10

1 Ο εισπράκτορας φωνάζει: άλλος χωρίς εισιτήριο;
Ο εισπράκτορας λέει στον κύριο Μηνά: Μου δείχνετε το εισιτήριο, παρακαλώ;
Όχι, δεν του το δείχνει.
Γιατί δεν το βρίσκει.
Όχι, δεν το βρίσκει στην τσέπη του ο κύριος Μηνάς το εισιτήριο.
Όχι, δεν του δίνει ο εισπράκτορας άλλο εισιτήριο.
Γιατί πιστεύει πως ο κύριος Μηνάς είναι ψεύτης.
Ναι, όλοι οι άλλοι έχουν εισιτήριο.
Ναι, ο εισπράκτορας ξέρει τον κύριο Μηνά.
Τον ξέρει, γιατί τον βλέπει κάθε φορά να κάνει το κορόιδο και να μην πληρώνει.
Ναι, στο τέλος βρίσκει ο κύριος Μηνάς το εισιτήριο.
Το βρίσκει στη βέρα.
Όχι, δεν είναι ψεύτης ο κύριος Μηνάς, είναι παντρεμένος!

2

	λάθος	σωστό
Η μητέρα έχει δυο πιστόλια.	✔	
Ο Αντρέας δεν έχει πιστόλι, το έχει η Μαρία.		✔
Η μητέρα ξέρει πού είναι το πιστόλι του Αντρέα.	✔	

Lektion 10

	λάθος	σωστό
Ο Αντρέας λέει πως η Μαρία έχει το δικό του πιστόλι.		✔
Η Μαρία λέει: ναι, το έχω.	✔	
Η Μαρία λέει πως έχει μόνο το δικό της το πιστόλι.		✔
Η μητέρα δίνει στα παιδιά άλλα δυο πιστόλια.	✔	
Η Μαρία βρίσκει το πιστόλι του Αντρέα.	✔	
Τώρα δεν έχει ούτε η Μαρία ούτε ο Αντρέας πιστόλια.	✔	

3 το δείχνει — δείχνει αυτό / μας βλέπει — βλέπει εμάς / το πληρώνω — πληρώνω αυτό / με ξέρετε — ξέρετε εμένα / την ακούει — ακούει αυτήν / τα χαρίζω — χαρίζω αυτά / τους βρίσκουμε — βρίσκουμε αυτούς / το έχω — έχω αυτό / τις διαλέγω — διαλέγω αυτές / τα ζυγίζει — ζυγίζει αυτά / με παίρνει — παίρνει εμένα / την τυλίγει — τυλίγει αυτήν / σας ενδιαφέρει — ενδιαφέρει εσάς.

4 αυτό το δείχνει — το δείχνει αυτό / εμάς μας βλέπει — μας βλέπει εμάς / αυτό το πληρώνω — το πληρώνω αυτό / εμένα με ξέρετε — με ξέρετε εμένα / αυτή την ακούει — την ακούει αυτήν / αυτά τα χαρίζω — τα χαρίζω αυτά / αυτούς τους βρίσκουμε — τους βρίσκουμε αυτούς / αυτό το έχω — το έχω αυτό / αυτές τις διαλέγω — τις διαλέγω αυτές / αυτά τα ζυγίζει — τα ζυγίζει αυτά / εμένα με παίρνει — με παίρνει εμένα / αυτήν την τυλίγει — την τυλίγει αυτήν / εσάς σας ενδιαφέρει — σας ενδιαφέρει εσάς.

5 σας το χαρίζω / μας τα παίρνει / τους τα ζυγίζει / της τα διαλέγει / τους τα λέμε / της την δίνω / σας τις χαρίζουμε / σου την βρίσκουμε / του το δείχνουν / του την τυλίγει.

6 α) σε μένα δίνει τη σακούλα· δίνει τη σακούλα σε μένα.
β) εμένα μου δίνει τη σακούλα. γ) εμένα μου την δίνει.
δ) εμένα δε μου την δίνει.
α) σε σένα χαρίζω το σκόρδο· χαρίζω το σκόρδο σε σένα.
β) εσένα σου χαρίζω το σκόρδο. γ) εσένα σου το χαρίζω.
δ) εσένα δε σου το χαρίζω.
α) σε μας δείχνεις το σπίτι· δείχνεις το σπίτι σε μας.
β) εμάς μας δείχνεις το σπίτι. γ) εμάς μας το δείχνεις.
δ) εμάς δε μας το δείχνεις.
α) σε σας φέρνει τα πιστόλια· φέρνει τα πιστόλια σε σας.
β) εσάς σας φέρνει τα πιστόλια. γ) εσάς σας τα φέρνει.
δ) εσάς δε σας τα φέρνει.
α) σε σένα λέμε το τραγούδι· λέμε το τραγούδι σε σένα.

β) εσένα σου λέμε το τραγούδι. γ) εσένα σου το λέμε.
δ) εσένα δε σου το λέμε.

7 Το σκόρδο το χαρίζει ο μανάβης στο Γιώργο. Τα μήλα τα τυλίγει σε μια εφημερίδα. Στην Ελλάδα τα μαρούλια, τα πορτοκάλια και τα αγγούρια τα ζυγίζουν. Το μπαμπά τον βλέπω, τη μαμά δεν την βλέπω. Τα βιβλία τα διαβάζω, τις εφημερίδες δεν τις διαβάζω. Τον καφέ τον πίνει ο Βαγγέλης; Όχι, τον πίνει η Ευαγγελία. Ο μπαμπάς τα πλένει τα πιάτα, αλλά η μαμά τα σκουπίζει.

8 Εμένα με λένε Ευτυχία, εσένα πώς σε λένε; Αυτόν τον λένε Κώστα, αυτήν πώς την λένε; Αυτήν την λένε Μιμίκα, αυτόν πώς τον λένε; Εμάς μας λένε παιδιά, εσάς πώς σας λένε; Αυτό το λένε σκαμνί, αυτά πώς τα λένε;

9 Το πιστόλι του Δημήτρη είναι το πιστόλι του· είναι το δικό του πιστόλι. Η ζακέτα της μητέρας είναι η ζακέτα της· είναι η δική της ζακέτα. Τα τσιγάρα του πατέρα είναι τα τσιγάρα του· είναι τα δικά του τσιγάρα. Ο καφές της Ευτυχίας είναι ο καφές της· είναι ο δικός της καφές, αλλά η εφημερίδα του Βαγγέλη είναι η εφημερίδα του· είναι η δική του εφημερίδα. Η ταβέρνα του Μανόλη είναι η ταβέρνα του· είναι η δική του ταβέρνα. Οι φωτογραφίες της Αλίκης είναι οι φωτογραφίες της· είναι οι δικές της φωτογραφίες. Η μπάλα του Αντώνη είναι η μπάλα του· είναι η δική του μπάλα. Οι τσίχλες των παιδιών είναι οι τσίχλες τους· είναι οι δικές τους τσίχλες. Οι ομπρέλες των κυρίων είναι οι ομπρέλες τους· είναι οι δικές τους ομπρέλες, αλλά τα καπέλα των κυριών είναι τα καπέλα τους· είναι τα δικά τους καπέλα. Το σπίτι της μητέρας, του πατέρα και των παιδιών είναι το σπίτι τους· είναι το δικό τους σπίτι. Τα φαγητά της ταβέρνας είναι τα φαγητά της· είναι τα δικά της φαγητά, αλλά ο λογαριασμός του Γιώργου και της Αντωνίας είναι ο λογαριασμός τους, είναι ο δικός τους λογαριασμός. Η βέρα, η τσέπη και το εισιτήριο του κυρίου Μηνά είναι η βέρα του, η τσέπη του και το εισιτήριό του· είναι η δική του βέρα, η δική του τσέπη και το δικό του εισιτήριο.

10 Πίνει τη δική της ρετσίνα. Φέρνει τα δικά μας πράματα. Πάμε με το δικό τους αυτοκίνητο. Αυτό είναι το δικό μου φαγητό. Η δική σου μαμά πού είναι; Πάντα παίρνει από τα δικά του τσιγάρα. Και τα δικά μου σπίρτα ποιος τα έχει; Παρακαλώ, τη δική σας σακούλα! Παίζει με τις δικές του κούκλες. Τα δικά τους πιστόλια είναι μεγάλα.

11 μ.: Πού είναι η κούκλα σου / οι τσίχλες σου, Αντρέα;

Α.: Δεν έχω κούκλα / τσίχλες. Την κούκλα μου την έχει/ τις τσίχλες μου τις έχει η Μαρία.

μ.: Μαρία, πού είναι η κούκλα / οι τσίχλες του Αντρέα; Εσύ την / τις έχεις;

Μ.: Όχι, εγώ έχω τη δική μου κούκλα / τις δικές μου τσίχλες· η κούκλα / οι τσίχλες του Αντρέα δεν ξέρω πού είναι.

Α.: Πώς δεν έχεις τη δική μου / τις δικές μου!

Μ.: Ψέματα λες, αυτή είναι δική μου / αυτές είναι δικές μου, άλλη / άλλες δεν έχω.

Α.: Αλλά έχεις και τη δική μου / τις δικές μου, και θέλω να μου την / τις φέρεις αμέσως εδώ.

Μ.: Πού την / τις βλέπεις;

Α.: Νάτη / Νάτες· αυτή / αυτές τι είναι;

Μ.: Κούκλα / Τσίχλες.

Α.: Ποιανού είναι;

Μ.: Πάντως όχι η δική σου / οι δικές σου.

Α.: Ε ποιανού είναι τελοσπάντων;

Μ.: Τι σ' ενδιαφέρει, αφού δεν είναι η δική σου / οι δικές σου!

Α.: Μαμά, η Μαρία δε θέλει να μου δώσει την κούκλα μου / τις τσίχλες μου!

μ.: Και πού ξέρεις πως έχει τη δική σου / τις δικές σου, και δεν είναι η δική της / οι δικές της;

Α.: Πάντα παίρνει τα δικά μου πράματα.

μ.: Γρήγορα, όλες τις κούκλες / τις τσίχλες που έχεις, Μαρία!

Μ.: Μια έχω / Δυο έχω, καλέ μαμά, κι αυτή / αυτές είναι η δική μου / οι δικές μου.

μ.: Πούντη / Πούντες;

Μ.: Δεν την / τις βρίσκω τώρα.

μ.: Μπράβο σας, επιτέλους ένα λεπτό χωρίς κούκλες / τσίχλες.

12 Μπροστά τους έχει και άλλες γυναίκες. Εκεί είναι τα βουνά· πίσω τους αρχίζει η θάλασσα. Στην αρχή βλέπω τον Κώστα· μαζί του βλέπω και το Γιώργο. Γύρω από την εκκλησία έχει ένα δάσος· απέναντί της είναι το μανάβικο της Ελένης. Ο Γιάννης ακούει πολύ τη Μαρία· μακριά της δεν είναι καλά. Γύρω μας έχει πολλά τραπέζια. Εδώ είστε εσείς, εκεί είναι η ταβέρνα, δηλαδή απέναντί σας. Δε βλέπεις το λεωφορείο; Κι όμως, είναι μπροστά σου, όχι μπροστά μου. Δεν πηγαίνει ποτέ μόνος του στο πανεπιστήμιο· πάντα μαζί τους. Μεταξύ τους δεν υπάρχει παρεξήγηση.

13 Δε θέλεις να το καταλάβεις εσύ, που πάντα θέλεις να είσαι ο πιο έξυπνος; Πρέπει να μου δώσεις την εφημερίδα, Γιώργο, γιατί πρέπει να την διαβάσω απόψε ακόμα.
Ο μανάβης δε θέλει να βάλει τη σαλάτα στη νάυλον σακούλα.

Αν θέλετε να μάθετε κάτι, πρέπει να φέρετε και το βιβλίο σας.
Αν θέλεις να σε βγάλω φωτογραφία, πρέπει να βγάλεις πρώτα τη ζακέτα και
το καπέλο.
Πρέπει να σας δώσω άλλο εισιτήριο, γιατί είστε ψεύτης.

14 Η θέση
Αυτή είναι η δική μου θέση!
Όχι, είναι η δική μου θέση.
Λέτε ψέματα, είναι η δική μου θέση.
Ποιος λέει ψέματα εδώ; Σε ποιον το λέτε αυτό;
Φυσικά σε σας, σε ποιον άλλον;
Μου δείχνετε το εισιτήριό σας, παρακαλώ;
Σε ποιον, σε σας; Είστε ο εισπράκτορας;
Όχι, δεν είμαι ο εισπράκτορας, αλλά αυτή είναι η δική μου θέση.
Πάλι τα ίδια. Μα εσείς βλέπετε μόνο τον εαυτό σας. Αυτή πάντως είναι η δική
μου θέση.
Ποιος είστε τέλος πάντων;
Τι σας ενδιαφέρει; Θεσιάδης.
Ορίστε;
Θεσιάδης. Κι εσείς;
Δε σας καταλαβαίνω. Θεσιάδης;
Ναι, Θεσιάδης, έτσι με λένε, και εσάς;
Θεσοφάγος, χαίρω πολύ.
Τότε όλα είναι εντάξει.

Lektion 11

1 Ο κύριος Πέτρος πηγαίνει στο γιατρό.
Γιατί δεν είναι καλά.
Πονάει ο λαιμός του, το στομάχι και το αριστερό του πόδι.
Όχι, ούτε τραγουδάει ούτε μιλάει ούτε γελάει πολύ.
Ναι, το στομάχι του πονάει.
Όχι, ούτε διψάει ούτε πεινάει ούτε πηδάει ούτε περπατάει πολύ.
Το αριστερό του πόδι πονάει.
Όχι, δεν κάνει καθόλου ρεύμα στο σπίτι του.
Όχι, πάει για ύπνο κάθε βράδι στις δέκα η ώρα.
Όχι, δε χρησιμοποιεί χάπια.
Ξυπνάει πολύ αργά.
Είναι είκοσι πέντε χρονών.

Lektion 11

Όχι, δεν καπνίζει καθόλου.

Όχι, δεν πίνει πολύ, μόνο λίγη ρετσινούλα, λίγο ουζάκι, αλλά όχι σπουδαία πράματα.

Ναι, το δόντι του πονάει.

Ναι, την αγαπάει τη Σοφούλα.

Η Σοφούλα δεν τον αγαπάει.

Όχι, σε τέτοιους πόνους δε βοηθάει ούτε ο οδοντογιατρός.

Γιατί αυτοί δεν είναι πόνοι των δοντιών, αλλά της καρδιάς.

(Εδώ πρέπει να απαντήσετε μόνοι σας!)

2 μητέρα: Μπορούμε να μπούμε; Εδώ είστε, γιατρέ μου;
Γ: Εμπρός! Εδώ είμαι. Πώς πάτε, κυρία Ευαγγελία (και στην κόρη της) κι εσύ, πώς πας;
μ: Εγώ είμαι καλά, γιατρέ μου, αλλά η Μαρία δεν είναι καλά, είναι άρρωστη.
Γ: Τι έχεις, πού πονάς;
μ: Ο λαιμός της πονάει, το στομάχι και το αριστερό πόδι.
Γ: Παράξενο. Ο λαιμός; Μπορώ να τον δω το λαιμό σου;
μ: Φυσικά. Άνοιξε (mach auf) το στόμα σου, Μαρία!
Μαρία: Ααα...
Γ: Εντάξει είναι ο λαιμός. Δε μπορώ να βρω τίποτα. Πάντως δεν πρέπει να πίνεις τον καφέ σου καυτό και τη μπίρα παγωμένη.
μ: Ίσα ίσα, γιατρέ! Τον καφέ της τον πίνει κρύο και τη μπίρα ζεστή.
Γ: Μήπως συνηθίζεις να τραγουδάς πολύ ή να μιλάς ή να γελάς;
μ: Όχι, όχι, ούτε τραγουδάει ούτε μιλάει ούτε γελάει πολύ.
Γ: Μάλλον γρίππη. Το στομάχι; Μπορείς να τρως μουσακά και να πίνεις μαύρο κρασί; Ή μήπως διψάς πολύ;
μ: Όχι, όχι, ούτε διψάει ούτε πεινάει πολύ και ούτε ο μουσακάς την πειράζει ούτε το μαύρο κρασί.
Γ: Μάλλον γρίππη. Αλλά γιατί το αριστερό πόδι; Μπορείς να ανεβοκατεβαίνεις τρέχοντας τα σκαλοπάτια του σπιτιού σου;
μ: Ποιος ο λόγος, αφού το ασανσέρ δουλεύει καλά και δε χαλάει ποτέ;
Γ: Μήπως πηδάς πολύ;
μ: Όχι, όχι, ούτε πηδάει ούτε περπατάει πολύ. Όπου πάει, πηγαίνει με την ησυχία της.
Γ: Παράξενο. Φυσάει πολύ εκεί που ζεις;
μ: Μπα, δε φυσάει στο σπίτι. Ίσα ίσα· δεν κάνει καθόλου ρεύμα.
Γ: Παράξενο. Μήπως ξυπνάς νωρίς το πρωί και χρησιμοποιείς χάπια; Τι ώρα πας για ύπνο;
μ: Όχι, όχι, ξυπνάει πολύ αργά και δε συνηθίζει να παίρνει χάπια. Και για ύπνο πάει κάθε βράδι στις 10 η ώρα.

Γ: Καπνίζεις;

μ: Μπα, όχι, δεν καπνίζει.

Γ: Πίνεις;

μ: Όχι, όχι, αφού είναι μικρή! Λίγη ρετσινούλα, λίγο ουζάκι, αλλά όχι σπουδαία πράματα.

Γ: Το κεφάλι; Πόσων χρονών είσαι; Ξεχνάς εύκολα;

μ: Όχι, μόνο ο λαιμός της πονάει. Είναι δεκαεπτά χρονών.

Γ: Παράξενο. Αλλά γιατί το αριστερό πόδι κι όχι το δεξί; Μήπως το πόδι είναι από την καρδιά;

μ: Όχι, η καρδιά της δεν πονάει ποτέ. Καλά είναι.

Γ: Εννοώ ... η καρδιά, κανένα παλληκάρι, κανένας νεαρός· μήπως πονάει το δόντι σου;

μ: Ρωτάτε, αν αγαπάει τον Κώστα;

Γ: Ναι, αν αγαπάς τον Κώστα, ρωτάω.

Μαρία: Μπορώ να μιλήσω ελεύθερα;

Γ: Φυσικά. Γιατρός είμαι, πρέπει να μου τα πεις όλα.

Μαρία: Τον Κώστα τον αγαπάω τρελά, γιατρέ μου, αλλά εκείνος δε με αγαπάει.

Γ: Έτσι λοιπόν! Ε τότε, με συγχωρείτε, κυρία Ευαγγελία και εσύ Μαρία, αλλά γι' αυτή την αρρώστια δεν είμαι εγώ ο κατάλληλος γιατρός. Και, δυστυχώς, σε τέτοιους πόνους, δε βοηθάει ούτε ο οδοντογιατρός.

3 Πώς! Ο κύριος Πέτρος πηγαίνει σ' έναν οδοντογιατρό.

Πώς! Ο γιατρός θέλει να δει το λαιμό του.

Πώς! Ο κύριος Πέτρος πρέπει να πίνει τη μπίρα ζεστή, όταν πονάει ο λαιμός του.

Πώς! Όταν χαλάει το ασανσέρ ανεβοκατεβαίνει τα σκαλοπάτια.

Πώς! Τρέχει συχνά.

Πώς! Για τον ύπνο χρησιμοποιεί χάπια και λίγο ουζάκι.

Πώς! Όταν έχει κανείς πονόδοντο βοηθάει ο οδοντογιατρός.

4

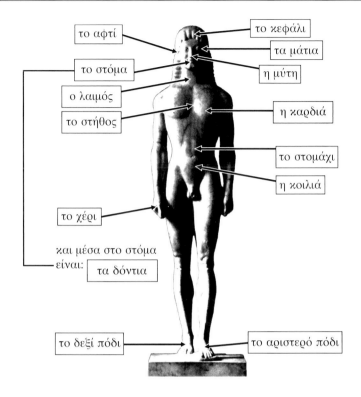

το αφτί

το κεφάλι

τα μάτια

το στόμα

η μύτη

ο λαιμός

το στήθος

η καρδιά

το στομάχι

η κοιλιά

το χέρι

και μέσα στο στόμα
είναι: τα δόντια

το δεξί πόδι

το αριστερό πόδι

5 Περπατάμε με τα πόδια.
Ακούτε και εσείς με τα αφτιά;
Με τα μάτια βλέπουμε.
Ο Πέτρος αγαπάει τη Σοφούλα. Πονάει το δόντι του.
Έχει χοντρό λαιμό, τραγουδάει πολύ.
Τα φαγητά πρώτα πηγαίνουν στο στόμα, μετά στο λαιμό, μετά στο στομάχι και
μετά στην κοιλιά.
Γελάει πολύ, και πάντα δείχνει τα δόντια.
Με το στόμα γελάμε και μιλάμε.

6 Δεν είμαι καλά. Η κοιλιά πονάει και το κεφάλι πονάει. Πηγαίνω στο γιατρό.
Αυτός δεν βρίσκει, τι αρρώστια είναι. Μου δίνει πολλά χάπια. Τα παίρνω τρεις
φορές την ημέρα, αλλά δε βοηθάνε. Ρωτάω έναν ψυχίατρο. Ούτε εκείνος
βρίσκει τίποτα. Πηγαίνω σ' έναν παθολόγο, σ' έναν εντερολόγο, σ' έναν
καρδιολόγο, σ' έναν ορθοπεδικό, σ' έναν οφθαλμίατρο, σ' ένα μικροβιολόγο,

σ' έναν ωτορινολαρυγγολόγο. Τίποτα!
Το λέω στη Φωτεινή. Εκείνη απαντάει: Δε βλέπεις την κοιλιά σου; Δε σε
χωράει το πανταλόνι σου. Ανοίγω τη ζώνη μου και από τότε είμαι καλά!

7 δέκα, εννιά, οχτώ, εφτά, έξι, πέντε, τέσσερα, τρία, δύο, ένα.
ογδόντα εφτά, ογδόντα οχτώ, ογδόντα εννιά, ενενήντα, ενενήντα ένα,
ενενήντα δύο, ενενήντα τρία, ενενήντα τέσσερα, ενενήντα πέντε.
πενήντα οχτώ, πενήντα εφτά, πενήντα έξι, πενήντα πέντε, πενήντα τέσσερα,
πενήντα τρία, πενήντα δύο, πενήντα ένα.
έντεκα, δώδεκα, δεκατρία, δεκατέσσερα, δεκαπέντε, δεκαέξι, δεκαεφτά,
δεκαοχτώ, δεκαεννιά, είκοσι, είκοσι ένα, είκοσι δύο.
εβδομήντα έξι, εβδομήντα εφτά, εβδομήντα οχτώ, εβδομήντα εννιά, ογδόντα,
ογδόντα ένα, ογδόντα δύο, ογδόντα τρία, ογδόντα τέσσερα.

8 Πρέπει να με συγχωρήσετε, κύριε.
Δε μπορώ να το ξεχάσω.
Αν θέλεις να του μιλήσεις, πρέπει πρώτα να τον βρεις.
Πρέπει να χρησιμοποιήσεις τα πόδια σου, αφού δε δουλεύει το ασανσέρ.
Αν θέλετε να φάτε καλούς μεζέδες, πρέπει να πάτε στην ταβέρνα του
Κρητικού.
Τι θέλετε να πιείτε, ούζο ή κρασί;
Ούτε ούζο ούτε κρασί θέλω να πιω, γιατί δε θέλω να μεθήσω απόψε.
Θέλω να περπατήσω λίγο ακόμα.
Πρέπει να πάρετε αυτό το χάπι, γιατί ο λαιμός σας δεν είναι εντάξει.
Απόψε θέλει να μας κεράσει ο Γιώργος.
Αφού ξέρεις να τραγουδάς, μπορείς να μας τραγουδήσεις την »Ψαροπούλα«.
Αν θέλεις να τον βοηθήσεις, πρέπει να τον ρωτήσεις πρώτα τι έχει.
Απόψε η Μαρία και ο Στέφανος θέλουν να βγουν έξω. Θέλουν να περάσουν
πρώτα από τη Σοφία και το Δημήτρη και μετά να δουν και τον Τάκη, που είναι
άρρωστος.
Πρέπει να με καταλάβετε, κύριε, αλλά δε θέλω να ανοίξω την πόρτα, γιατί
φυσάει πολύ.
Θέλεις να του απαντήσεις μόνο ή θέλεις να του πεις πως δεν έχει δίκιο;
Για τα φάρμακα πρέπει να περάσω από ένα φαρμακείο.
Γιατί θέλετε να μου πουλήσετε ένα τόσο χοντρό καπέλο;

9 Τι ώρα είναι; Εννιά και μισή το πρωί ή το βράδι; Πόσων χρονών είναι ο
παππούς; Πάντως πιο μεγάλος από τον παππού σου. Και ο δικός σου
παππούς; Έτσι μετράνε μόνο στη Σίφνο!

I. Sommer, vier Uhr nachmittags.
A. Ruhe bitte! Leiser das Radio!
B. Stört Sie das Rembetiko?
A. Um diese Uhrzeit stört mich jeder Lärm.
B. Lärm nennen Sie das? Das ist Chari Alexiu!

II. Verkehrspolizist und Autofahrer
V. Warum halten Sie hier, mein Herr? Das ist verboten.
A. Warum?
V. Erstens stehts auf dem Schild, und zweitens passen Sie hier nicht rein.
A. Und die anderen?
V. Was geht Sie das an, was die anderen machen? Fahren Sie schnell weiter, bitte!

III. Das Kopfweh
A. Ich habe schreckliches Kopfweh, und mir tun die Mandeln weh.
B. Hast du auch Fieber?
A. Und ob, so um 39.
B. Und du bist noch auf den Beinen?
A. Wie sonst, auf den Händen?
B. Nein, ich meine im Bett.

IV. Wie alt ist der Wirt?
Leonidas: Heute abend gebe ich einen aus.
Stefanos: Nein, heute gebe ich einen aus.
Leonidas: Und warum willst du uns einen ausgeben?
Stefanos: Ich muß auch mal einen ausgeben dürfen. Dauernd gebt ihr einen aus.
Leonidas: Laß das jetzt; heute gebe ich einen aus.
Stefanos: Aber warum läßt du mich nicht einen ausgeben?
Wirt: Ich jedenfalls kann euch nicht mehr mit anhören. Heute geht alles auf Rechnung der Wirtschaft. Heute habe ich Geburtstag. Die Taverne habe ich seit 17 Jahren. Mein Vater hatte sie schon 31 Jahre. Als ich geboren wurde, hatte er sie bereits drei Jahre. Wie alt bin ich heute?

11 1. Αν είσαι άρρωστος, πρέπει να πας στο γιατρό.
2. Όταν πονάει ο λαιμός, δεν πρέπει να πίνουμε παγωμένα ποτά.
3. Στο γιατρό μπορούμε να μιλάμε ελεύθερα.
4. Με συγχωρείτε, γιατρέ, αλλά δεν μπορώ να πάω με τα πόδια. Μου πονάει το πόδι. Δε με καταλαβαίνετε; Πώς! Σας καταλαβαίνω πολύ καλά, κύριε.

Ξέρετε πολύ καλά ελληνικά. Αλλά πρέπει να πάτε λιγάκι με τα πόδια, γιατί στην κλινική δεν πάει κανένα λεωφορείο ή ταξί.
Τότε πρέπει να πάω στο νοσοκομείο με το πρώτων βοηθειών!

Lektion 12

1 Ο Μιχάλης παίρνει στο τηλέφωνο τη Μαριάννα.
Ο Μιχάλης λέει πως αύριο θα πάνε στη θάλασσα.
Θα είναι μαζί του η Ελενίτσα, η Αγγελικούλα, η Πόπη, ο Αντρέας, ο Λεφτέρης, ο Νίκος και ο Όμηρος.
Θα πάνε από την Αθήνα στον Πειραιά με τον ηλεκτρικό και από 'κει θα πάρουν τη βενζίνα για την Αίγινα.
Στα αρχαία της Αίγινας πηγαίνει κανείς με το γαϊδουράκι ή με τα πόδια.
Η Ελενίτσα θα δείξει τα αρχαία της Αίγινας στην Πόπη και στο Λεφτέρη.
Οι άλλοι θα ψαρέψουν ή θα κολυμπήσουν.
Ο Μιχάλης θα κολυμπάει μαζί με τη Μαριάννα, θα παίζουν με τις ρακέτες και θα πασαλείβει τη Μαριάννα με το λάδι.
Η παρέα θα φάει κατά τις δυόμισι στην ταβέρνα του Σωκράτη.
Ναι, της αρέσει το σχέδιο του Μιχάλη.
Όχι, δε θα πάει στην Αίγινα η Μαριάννα, ούτε και όλη η άλλη παρέα.
Γιατί η Μαριάννα παντρεύεται και όλη η παρέα είναι καλεσμένη.

2

	λάθος	σωστό
Η παρέα θα πάει με το αυτοκίνητο στην Αίγινα.	✔	
Η παρέα θα μπει στην Αθήνα στον ηλεκτρικό και θα βγει στον Πειραιά.		✔
Στην αμμουδιά θα μείνει ο Μιχάλης και η Μαριάννα.		✔
Η Μαριάννα δεν έχει όρεξη για την Αίγινα.	✔	
Οι τεμπέληδες θα πάνε στα αρχαία.	✔	
Ο Λεφτέρης, η Πόπη και η Ελενίτσα θα ψαρέψουν.	✔	
Ο Νίκος, ο Αντρέας και ο Όμηρος θα δείξουν στο Μιχάλη το ναό της Αφαίας Αθηνάς.	✔	
Ο Μιχάλης θα ψαρεύει με τις ρακέτες και θα παίζει με το αγκίστρι.	✔	
Θα γυρίσουν κατά το βραδάκι στην Αθήνα.		✔

3 Μιχάλης: Πάμε στη θάλασσα. Είναι μαζί μας η Ελενίτσα, η Αγγελικούλα, η Πόπη, ο Αντρέας, ο Λεφτέρης, ο Νίκος και ο Όμηρος. Καλή παρέα! Έχεις καιρό, Μαριάννα;

Μαριάννα: Αδύνατο, Μιχάλη, δεν ξέρεις πως ....

Μιχάλης: Μα είναι πολύ ωραία, Μαριάννα! Πάμε με τον ηλεκτρικό στον Πειραιά. Απ' εκεί παίρνουμε τη βενζίνα για την Αίγινα, κατευθείαν Αγιά Μαρίνα. Όποιος θέλει, ψαρεύει με μια βάρκα ή με το ψαροτούφεκο. Οι επιμελείς πάνε στα αρχαία με το γαϊδουράκι ή με τα πόδια. Οι τεμπέληδες μένουν στο γιαλό, ξαπλώνουν στον ήλιο και κάνουν ηλιοθεραπεία. Πού και πού βουτάνε και στη θάλασσα. Δεν έχεις όρεξη;

Μαριάννα: Όρεξη λέει; Πώς δεν έχω όρεξη, αλλά ...

Μιχάλης: Η Πόπη, η Ελενίτσα και ο Λεφτέρης μάλλον παίρνουν τον ανήφορο για τα αρχαία. Σε όλο το δρόμο ιδρώνουν βέβαια λιγάκι, αλλά πάνω η θέα τους αποζημιώνει. Η Ελενίτσα, που σπουδάζει αρχαιολογία τους δείχνει το ναό της Αφαίας Αθηνάς και τους εξηγεί την ιστορία της Αίγινας. Έλα μαζί μας!

Μαριάννα: Δυστυχώς δε μπορώ, Μιχάλη, ...

Μιχάλης: Ο Νίκος, ο Αντρέας και ο Όμηρος σίγουρα ψαρεύουν. Ζητάνε, όπως την άλλη φορά, από κανέναν ψαρά κανένα δόλωμα και μια βάρκα, ρίχνουν το αγκίστρι τους εκεί στα βράχια και δεν πιάνουν τίποτα εκτός από μερικά φύκια. Εγώ δε φεύγω, αλλά μένω, όπως συνήθως μαζί σου στην αμμουδιά. Κολυμπάμε, παίζουμε με τις ρακέτες, σε πασαλείβω εγώ με το λάδι, με πασαλείβεις εσύ με το λάδι, διαβάζουμε καμιά εφημερίδα ή κανένα περιοδικό και περνάμε πολύ ωραία.

Μαριάννα: Μα δεν ξέρεις, Μιχάλη, πως μένουμε στα καυσαέρια της Αθήνας; Μετά την τελετή γονείς, συγγενείς και φίλοι τρώμε έξω, και ...

Μιχάλης: Κατά τις δυόμισι γυρίζουν και οι οδοιπόροι και οι ψαράδες μας, τρώμε στην ταβέρνα του Σωκράτη, ακούμε κανένα τραγούδι, χορεύουμε κανένα χασάπικο, πίνουμε κανένα ποτηράκι, ξαναπέφτουμε για λίγο στη θάλασσα και κατά το βραδάκι γυρίζουμε με τη βενζίνα στην Αθήνα. Αλλά για ποια τελετή μιλάς και ότι τρώμε έξω;

Μαριάννα: Μα δεν ξέρεις πως παντρεύομαι; Και όλη η παρέα είναι καλεσμένη.

Μιχάλης: Τι; Παντρεύεσαι; Δηλαδή πάει η Αίγινα, αλλά πάει και η Μαριάννα!

4 Η Ελενίτσα, ο Νίκος και ο Λεφτέρης θα είναι μια καλή παρέα. Οι τεμπέληδες θα ξαπλώνουν στην αμμουδιά. Οι ψαράδες δε θα πιάνουν ψάρια, αλλά φύκια. Εμείς θα τρώμε στην ταβέρνα του Σωκράτη. Εσύ θα χορεύεις στο γάμο της Μαριάννας; Εσείς θα πέφτετε και θα ξαναπέφτετε στη θάλασσα. Ο Μιχάλης θα διαβάζει το περιοδικό και την εφημερίδα. Τα παιδιά θα παίζουν μπάλα.

5 Εσύ θα μας δείξεις το βαποράκι. Ο Γιώργος θα εξηγήσει στη Μαριάννα τα αρχαία. Ο Πέτρος και ο Νίκος θα ρίξουν τα αγκίστρια στη θάλασσα. Ο Μιχάλης θα κολυμπήσει με την Αγγελικούλα στην Αίγινα. Ο Μιχάλης θα δει αύριο τη Μαριάννα. Εμείς θα μπούμε στη βενζίνα και θα φύγουμε αμέσως. Η Μαριάννα θα μείνει στην Αθήνα για το γάμο. Η παρέα θα χορέψει χασάπικο, θα πιει ρετσίνα και θα φάει ψάρια στην ταβέρνα του Σωκράτη. Εγώ θα πάρω τον ανήφορο, όχι το γαϊδουράκι. Η θέα θα αποζημιώσει την Πόπη, την Ελενίτσα και το Λεφτέρη. Οι τεμπέληδες θα κάνουν ηλιοθεραπεία στην αμμουδιά. Αύριο η Μαριάννα και η παρέα της θα φάνε και θα πιούνε έξω. Το μάθημα θα αρχίσει στις τρεις η ώρα. Ο Γιώργος δεν θα πληρώσει τα φρούτα στο μανάβη. Εσύ θα σπουδάσεις αρχαιολογία στην Αθήνα ή στη Θεσσαλονίκη; Απόψε όλη η παρέα θα βγει. Τι θα μου πεις εσύ;

6 Στο γάμο της η Μαριάννα θα φωνάξει όλη την παρέα. Κανείς δεν θα πάει στην Αίγινα ούτε θα μείνει στο σπίτι. Όλοι θα μπουν στην εκκλησία για την τελετή. Η νύφη θα είναι ντυμένη με ένα άσπρο μεταξωτό φόρεμα και ένα μικρό καπέλο, και ο γαμπρός με μαύρο κοστούμι και παπιγιόν. Οι συγγενείς και οι φίλοι θα είναι όλοι χαρούμενοι. Μόνον ο Μιχάλης θα είναι λυπημένος, γιατί δεν του αρέσει ο γαμπρός. Η Μαριάννα θα μείνει γι' αυτόν η πιο καλή του φίλη. Πάντως ο γάμος θα είναι πολύ ωραίος. Όλοι θα ιδρώνουν βέβαια λιγάκι, γιατί θα κάνει πολλή ζέστη, αλλά μετά την τελετή θα βγουν έξω. Η ταβέρνα του Νίκου θα τους αποζημιώσει. Εκεί θα φάνε και θα πιουν και θα χορέψουν και θα ξαναϊδρώσουν και θα ξαναπιούν στην υγειά της νύφης και του γαμπρού. Θα περάσουμε όλοι πολύ ωραία και ο Μιχάλης θα ξεχάσει τον καημό του, τη Μαριάννα και την Αίγινα. Η Πόπη θα του πει κάτι στο αφτί και στη Μύκονο πηγαίνει οπωσδήποτε κανένα βαποράκι.

7
1) θα πάει εκεί
2) θα το ανάψω
3) θα του το δώσει
4) θα το **μ**άθετε
5) θα σε πάρουμε
6) θα τον πληρώσω
7) θα το πιούνε
8) θα το πει
9) θα **σ**πουδάσει
10) θα **σ**πρώξουν
11) θα μας **σ**ταματήσει
12) θα το **δ**ούμε
13) θα του ανοίξω
14) θα με καταλάβεις
15) θα τον **π**ονέσει
16) θα μας **τ**ραγουδήσει ένα τραγούδι

17) θα του **μ**ι**λ**ήσω
18) θα το **σκ**ίσουμε
19) θα **φτ**άσει αμέσως σπίτι
20) θα χο**ρ**έψουμε ένα χασάπικο
ανωμαλίες στον αόριστο

8 Αύριο θα πάω στην πόλη και θα ψωνίσω για το Σαββατοκύριακο. Την Κυριακή θα έχουμε τέσσερις φίλους στο σπίτι μας για φαγητό. Τους αρέσει όλους να τρώνε και είναι όλοι καλοφαγάδες. Πιστεύω ότι θα τους αρέσει το φαγητό μας. Ελπίζω να βρω και ελληνικά ψάρια για μια ψαρόσουπα με αυγολέμονο. Μετά θα έχει μουσακά και για ντεσέρ χαλβά. Ο Χαράλαμπος θα παραγγείλει τα ποτά και θα με βοηθήσει να μαγειρέψω. Θα χορέψουμε και θα τραγουδήσουμε μετά το φαγητό, γιατί, όπως λένε τόσο ωραία: νηστικό αρκούδι δε χορεύει.

Der Grammatikstoff des Lehrgangs umfaßt in den Lektionen 1 - 3 die Schrift, die Aussprache und den einfachsten Satz, in 4 - 6 die wichtigsten Substantivdeklinationen, in 7 die wichtigsten Adjektive und Adverbien, in 8 - 10 die wichtigsten Pronomina und in 9 - 21 vorwiegend die Verben. Während für Lekt. 1 - 2 die Unterrichtszeit, die dafür aufgewendet werden soll, sehr unterschiedlich sein wird, können die Lektionen 3 - 7 zügig erarbeitet werden. Lektion 9 ist die Schlüssellektion für das ganze Lehrwerk.

Die griechische Aspektlehre sollte behutsam und gründlich angegangen werden, um späteren Mißverständnissen zuvorzukommen. Daß Vergangenheitsformen erst mit Teil 2 eingeführt werden, geht auf die didaktische Grundüberlegung zurück, daß eine Ableitung des Aoriststamms aus dem Indikativ Aorist besonders schwierig, die Vorstellung des Aoriststamms als eigener Form vom Konjunktiv und Futur des Aoriststamms aus besonders leicht ist. Darüberhinaus läßt sich die Aspektlehre in den obliquen Formen konsequenter beobachten.

Vorbemerkung zu Lektion 1 und 2

Der Stoff zu den Lektionen 1 und 2 ist als Vorkurs zum Laut, zur Schrift und zur Aussprache zu verstehen. Sie unterliegen also nicht der grammatischen Progression. An eine Erklärung von morphologischen oder syntaktischen Erscheinungen aus diesen Lektionen ist nicht gedacht.

Hat der unterrichtende Lehrer ein anderes Konzept des Einstiegs innerhalb des Vorkurses, das er erfolgreich erprobt hat, kann er dies auch hier einbringen. Die vorgelegten Texte und Übungen sollen allerdings dem Lehrer auch die Gewißheit verschaffen, nichts Wesentliches ausgelassen zu haben.

Zu berücksichtigen sind in jedem Fall die Zusammenfassung zu Laut — Schrift — Aussprache in Abschnitt 2B und die daran anschließend formulierten 2 Hinweise, die davon ausgehen, daß die Lernenden Deutsch als Ausgangssprache sprechen und Griechisch als Fremdsprache erlernen wollen. Da der überwiegende Teil der Unterrichtenden griechische Muttersprachler sein werden, darf der Hinweis nicht fehlen, daß über die kontrastiven Lauterscheinungen deutsch-griechisch volle Klarheit herrschen sollte. So müßte innerhalb des Vorkurses der Lernende verstehen lernen, *warum* deutsche Wörter wie Weltmarkt, Hauptbahnhof, Sägewerk, Strumpfhose, Schulpflegschaft, Dampfschiffahrt, Möbellager, Weltwirtschaftsgipfel, Sportflugzeug, Arbeitsplatz usw. nach griechischen Lautgesetzen nicht oder nur schwer einzuordnen sind: die im Griechischen erforderlichen »Verschleifungen« verhindern die Konsonantenhäufung. Die geforderte richtige griechische Aussprache von an-

Methodische Hinweise

geblich »einfachen« Sätzen wie πού είναι η Αθήνα, τι κάνεις, τι κάνετε, εδώ είναι η Κρήτη, ο Κώστας δεν είναι εδώ stellt an den deutschsprachigen Lernenden andererseits bereits hohe Anforderungen, wobei dem griechischen Muttersprachler als Lehrer immer bewußt sein sollte, daß der Neuansatz bei Wortbeginn im Deutschen ein eigener relevanter Laut ist: Beamteneid – Beamtenneid, Startrampe – Startruppe, Spiegelei – Ziegelei, Streikende – Streikende, Abendessen – währenddessen, Stilebene – Stilleben, vereisen – verreisen usw. Der griechische Diphthong in ποιητής hat weder mit deutscher Vokallängung wie in *Wiese* noch mit dem Doppellaut wie in Presseecho zu tun. Der Mangel an Vokallängung im Griechischen führt bei griechischen Muttersprachlern zu gleicher Aussprache von deutschem sinken und siegen, Höhle und Hölle, trieft und trifft, bügeln und pinkeln und verleitet den deutschen Muttersprachler im Griechischen dazu, die betonte Silbe zu längen.

Phonologische Untersuchungen an griechischen Muttersprachlern, die lange im deutschsprachigen Raum leben, haben gezeigt, daß diese geneigt sind, die im Deutschen, vor allem im Norddeutschen übliche Aspiration bei p-, t-, und k-Lauten auch ins Griechische zu übertragen. Hier ist von Anfang an streng darauf zu achten, daß aus einem »di ganis« nicht ein »thi khanis« (etwa wie in »Teekanne«) wird.

Lektion 1 und 2

Der Zugang zu Lektion 1 erfordert eine ausführlichere Behandlung. Unterrichtsziel ist das Erlernen der großen und kleinen Buchstaben des griechischen Alphabets unter Benutzung von einfachen Vokalen und Konsonanten.

Zubehör: *Entweder* eine große Landkarte von Griechenland, auf die ausschließlich die in 1A vorkommenden Ortsnamen mit Großbuchstaben eingezeichnet sind, *oder* einzelne Kärtchen mit den in 1A vorkommenden Ortsnamen mit Großbuchstaben, die auf eine vorhandene gewöhnliche größere Landkarte von Griechenland aufgesteckt werden können. (Die Kärtchen sind aus der am Ende dieses Schlüssels mitgegebenen Seite auszuschneiden).

Folgende didaktische Schritte könnten mit Hilfe des Texts 1A durchgeführt werden:

1. »Verlesen« bzw. »Aufsagen« des auswendig gekonnten Texts 1A mit jeweiligem Zeigen des Orts auf der gemalten Karte bzw. Aufstecken des neuen Ortsnamenkärtchens auf die Landkarte.
   Es wird nur griechisch gesprochen.
   Jeder Satz sollte mehrmals als Satz und im Kontext wiederholt werden. Fragen nach »was heißt αυτή είναι?« usw. werden mit starker Gestik überspielt und durch Zeigen beantwortet. Die Schüler lesen 1A nicht mit. Das Lehrbuch bleibt geschlossen.

2. Mehrmalige Wiederholung des Stücks. Der Schüler gewöhnt sich an den Klang der Ortsnamen. Die Pointe Βόννη – Βόνη wird noch nicht aufgelöst.
3. Die Ortsnamen werden von jeweils verschiedenen Schülern von der Karte bzw. von den Kärtchen weg an die Tafel abgeschrieben/abgemalt. Der Lehrer setzt jeweils sofort ohne Kommentar und unauffällig den bestimmten Artikel dazu.
4. Sammeln der großen Buchstaben in der Reihenfolge des Alphabets durch den Lehrer, wobei er durch Zuruf durch die Schüler darauf aufmerksam gemacht wird, wo in den an der Tafel stehenden Ortsnamen der gerade angeschriebene Buchstabe vorkommt. Der entnommene Buchstabe wird an der Entnahmestelle bezeichnet.
5. Steht das Alphabet in Großbuchstaben komplett an der Tafel, werden lateinisches und griechisches Alphabet mit dem Ziel verglichen, zu bemerken, daß nur 10 griechische Buchstabenzeichen im lateinischen Alphabet nicht vorkommen.
6. Die Schüler fragen sich gegenseitig der Reihe nach: πού είναι η Κρήτη usw., der nächste antwortet. Die nächste Runde sollte dem Gefragten die Möglichkeit einer Gegenfrage erlauben usw.
7. Die Liste des Alphabets in Abschnitt 1B wird aufgeschlagen. Die danebenstehenden Ortsnamen mit Großbuchstaben werden auf der gegenüberliegenden Karte lokalisiert. Dort stehen sie aber mit kleinen Buchstaben. Zur Kontrolle ist die Alphabetliste heranzuziehen.
8. Sammeln der Kleinbuchstaben durch Abmalenlassen an der Tafel wie oben Punkt 3 und 4.
9. Die Ortsnamen der Alphabetliste können in Groß- und Kleinschreibung abgeschrieben werden.
10. Die Umsetzung von groß und klein mit Hilfe von 1C 1.
11. Die Erarbeitung des Texts 1A mit Hilfe des Buches.

Dieser Vorschlag von didaktischen Einzelschritten ist den individuellen Gegebenheiten in der Klasse anzupassen und keinesfalls etwa als eine Unterrichtseinheit zu verstehen. Selbstverständlich sollten die Schüler in einem fortgeschritteneren Stadium der Schriftaneignung dazu ermuntert werden, selbst weitere Orts- und Landschaftsnamen Griechenlands zu nennen, etwa die, die sie im vergangenen Sommer besucht haben. Diese werden dann vom Lehrer mit bestimmtem Artikel an die Tafel geschrieben. Auch wird der Lehrer von seiner eigenen näheren Heimat sprechen und Diskussionen der Schüler untereinander auch über ausgefallenere kleinere Orte anregen. Eine Konzentration auf Probleme der griechischen Topo- und Geographie kann durchaus auch die Furcht des Schülers vor den neuen Buchstabenzeichen mindern.

Methodische Hinweise

Bei dieser Methode muß dem Lehrer allerdings klar sein, daß Buchstabenkombinationen erst in Lektion 2 erklärt werden und Fragen dazu bei einer Ausweitung auf andere Ortsnamen unvermeidlich sind. Da allerdings – außer bei Ortsnamen – Buchstabenkombinationen auch in Lektion 1 nicht zu vermeiden waren (z.B. εἶναι), ist das Problem schon bekannt, und Lektion 2 versteht sich ohnehin mehr als abrundende systematisierende Zusammenfassung zur Frage von Laut, Schrift und Aussprache.

Es ist schon bei diesen Lektionen von Nutzen, wenn der Lehrer als kleines Diktat ein paar Ortsnamen schreiben läßt. Er wird dadurch feststellen, welche Buchstaben dem einzelnen mehr Schwierigkeiten bereiten.

Lektion 3

Das A-Stück sollte – und das gilt für alle folgende A-Stücke –, bevor die Lektion verlassen wird, so oft gelesen, nachgespielt, aus dem Gedächtnis rekonstruiert worden sein, daß man davon ausgehen kann, daß der darin vorkommende und im jeweiligen B-Teil erklärte Grammatikstoff vom Schüler jederzeit wieder herleitbar und mit einem Kontext zu verbinden ist.

Die ab Lektion 3 jeweils vorgeschlagene Spielanleitung sollte nur ein Hinweis auf mögliche ähnliche oder ganz andere Sprechanlässe sein. Es hat sich bewährt, daß einzelne Rollen im voraus etwa als Hausaufgabe verteilt werden. Ein etwas zäher Beginn sollte das dauernde Bemühen, Sprechanlässe zu schaffen, nicht grundsätzlich in Frage stellen. Dem Unterrichtenden sollte andererseits die Gefahr des Zerredens des Unterrichts bewußt bleiben. Der hier vorliegende Lehrgang schreitet aus den im Vorwort genannten Gründen mit »großen Schritten« grammatisch voran. Damit verbunden ist notwendigerweise eine Konzentration des Unterrichts auf den in der jeweiligen Lektion behandelten Grammatikstoff zu Lasten der Sprechfertigkeit. Nur ein Intensivsprachkurs kann sich kleine Schritte zugunsten der Sprechfertigkeit erlauben.

Die ab Lektion 3 mitgegebenen Liedertexte unterliegen nicht der grammatischen Progression, obwohl natürlich darauf geachtet wurde, Lieder mit leichterer Syntax zu den ersten Lektionen zu nehmen und insgesamt einen Teil des in der Lektion behandelten Grammatikstoffs auch im Lied vorkommen zu lassen. Die Liedertexte sollen andererseits diese Progression bewußt durchbrechen und frühzeitig »Originaltexte« darstellen. Dazu hilft die Übersetzung. Die Schüler sollten sich durch das auswendig gelernte Lied »Fertigkeiten«, das heißt fertige Sätze aneignen, die abrufbar sein werden.

Die Abbildungen »ἐδώ παπάς, ἐκεί παπάς« bei Abschnitt 3C 2, 3C 10 und 3C 14 sollten im voraus vom Lehrer als griechischer Kartenspieltrick erklärt werden.

Lektion 4

Die Anmerkung über das Schluß-v bereitet viele, scheinbar unnötige Diskussionen. Die Bedeutung liegt in der Aussprache und weniger in der Schrift. Der Lehrer kann darauf hinweisen, daß die schriftliche Funktion des Schluß-v nicht so wichtig ist und auch von Griechen nicht konsequent eingehalten wird.

Vor allem durch die Übung C 8 und nachdem die Endungen der Substantive geübt worden sind, wird das selbständige Arbeiten mit dem neuen Stoff angestrebt.

Übung C 9 soll nicht allzu lange aufhalten. Dagegen sollen die Übersetzungen der Übung C 10 sorgfältig gemacht und besprochen werden. Auch für Übung C 11 empfiehlt sich eine Vorbereitung zu Hause, wobei die Rollen im voraus verteilt werden müßten: Mehrfachbesetzung.

Der Grammatikstoff von Lektion 4 soll Einsichten in die wichtigsten Substantivdeklinationen vermitteln: Nom. und Akk. und die entsprechenden bestimmten und unbestimmten Artikel. Nicht jedem Schüler ist klar, was eine Wortendung und ein Wortstamm ist. Da im Griechischen sowohl bei der Deklination als auch bei der Konjugation (beginnend ebenfalls mit Lektion 4) immer mit diesen Begriffen gearbeitet wird, ist eine völlige Klärung von Anfang an besonders wichtig: eine im Deutschen übliche Änderung des Wortstamms (Haus – Häuser, gebe – gibst, darf – dürft) gibt es im Griechischen nicht. Insofern ist die strenge Regelung nach Wortendungen »einfacher«.

Lektion 5

Der »ideologische« Unterbau zum A-Stück sollte eine Diskussion über die griechische Sprach- und Kulturgeschichte vom Alt- zum Neugriechischen auslösen. Die Kritik an jenen Touristen, die vor jeden Griechen auch heute noch eine antike Säule stellen, ist beabsichtigt. Der Lehrer sollte imstande sein, diesen kurzen Abriß der griechischen Sprachgeschichte geben zu können. Dies ist auch der Grund, warum hier zunächst das byzantinisch-neugriechische *Romiós* statt des alt-neugriechischen *Éllinas* eingeführt wird. Eine Klärung der historischen Fakten, warum ein heutiger Grieche zugleich auch ein »Römer« ist, führt zu weitreichenden Erkenntnissen.

Die am Ende von Abschnitt 5A beginnenden Sprichwörter, die oft Redensarten sind, sollten möglichst auswendig gelernt werden und bieten sich auch als Diktattexte an.

Die Betonungsveränderungen innerhalb der griechischen Substantivdeklination bereiten in der Regel Schwierigkeiten, wenn sie zu theoretisch »eingepaukt« werden. Wie im ganzen Lehrgang sollte folgende didaktische Grundregel beachtet werden: der B-Teil einer jeden Lektion sammelt und ordnet die im A-Teil in einem Kontext stehenden grammatischen Erscheinungen. Wenn überhaupt etwas auswendig ge-

Methodische Hinweise

lernt werden soll, wird das nie der B-Teil, sondern durch das häufige Lesen *automatisch* der A-Teil sein. So können die im B-Teil geordneten Erscheinungen vom Schüler jederzeit wieder hergeleitet werden, das Einpauken von Grammatikregeln liegt nicht in unserer Absicht und ist längerfristig sinnlos.

Die Übung C 7 kann beliebig auch an der Tafel und auch durch die Schüler fortgesetzt werden.

Erneut soll darauf hingewiesen werden, daß die Bildbeschreibungen Sprechanlässe schaffen sollen.

Lektion 6

Da der Grammatikstoff dieser Lektion keine besonderen Schwierigkeiten aufweist bzw. alles recht umfangreich im B-Teil erklärt ist, sollte darauf geachtet werden, daß sich der Grundwortschatz mit dieser Lektion erheblich erweitert. Dies muß in der Zeitplanung berücksichtigt werden.

Die Aufsätze aus Übung C 12 sollten erst nach sorgfältiger Korrektur öffentlich verlesen werden. Zur Festigung des umfangreichen Wortschatzes bieten sich weitere ähnliche Übungen wie die Spielanleitung an.

Lektion 7

Auch die Deklination der Adjektive in Lektion 7 sollte auf möglichst »kleiner didaktischer Flamme gekocht« werden. Wer Übung C 2 richtig macht, hat alles verstanden. Es wurde bewußt darauf verzichtet, große Tabellen von καλός, καλή, καλό aufzustellen, da dem Schüler einsichtig gemacht werden soll, daß er die hier benötigten Endungen bereits aus der Substantivdeklination kennt.

Ein Hinweis auf den Unterschied zum deutschen Adjektiv schadet nicht:

Ο άντρας είναι καλός	Der Mann ist nett
Η γυναίκα είναι καλή	Die Frau ist nett

Es empfiehlt sich, im A-Text mit Hilfe des B-Teils zunächst die Adjektivdeklinationen herauszuarbeiten und sogleich mit Hilfe von C 1 einzuüben und erst in der zweiten Sitzung jeweils getrennt auf die Steigerungsformen und die Adverbbildung einzugehen. Substantielle Fragen sollten in aller Ausführlichkeit an der Tafel beantwortet werden.

Dem Schüler ist es in der Regel lieber, er hat es mit *einer* Erscheinung für das gleiche grammatische Phänomen zu tun. Tut ihm der tatsächliche Sprachgebrauch (o μεγαλύτερος neben ο πιο μεγάλος, aber auch schon τίποτε neben τίποτα) diesen Gefallen nicht, versucht er sich selbst *eine* Lösung zurechtzulegen, die er dann bestätigt haben will.

Test 1

Der Zweck von Test 1 ist: 1. das Vokabular anhand der Geschichte ins Gedächtnis zurückzurufen und zu kontrollieren, wobei auch die Thematik sich auf bekannte Stoffe bezieht. Der Test sollte vom Lernenden zuhause gelesen und verstanden werden, der Lehrer sollte danach nur mündliche Fragen stellen bzw. Fragen stellen lassen.
2. Wiederholung des wichtigsten Grammatikstoffes.
Der Test ist auch als Einstufungstest bzw. als Einstieg nach einer Pause gut einzusetzen.

Lektion 8

Auch hier gilt in besonderem Maße, was oben zur Einordnung und Präsentation des im A-Text vorkommenden neuen Grammatikstoffes im B-Teil gesagt wurde. Wichtig ist die Aneignung einer grammatischen Erscheinung in ihrem Kontext, weshalb im B-Teil auch ganze Sätze mitgegeben werden. Gerade die Situation des Einkaufens verlangt eine Beherrschung der schwach betonten Personalpronomina, was auch zu ähnlichen Sprechanlässen ausgenützt werden sollte.
Auf den Unterschied im griechischen und deutschen Gebrauch der schwachen Personalpronomina als Subjekt (Abschnitt 8B B) sollte ausdrücklich hingewiesen werden.
Wenn Übung C 12 in einem Tsatsikigelage endet, ist der Zweck der Übung erreicht. C 13 sollte schriftlich vorbereitet werden und die korrigierte Fassung im Dialog vorgetragen werden.

Lektion 9

Diese Lektion stellt eine der schwierigsten Aufgaben des Lehrers dar nicht zuletzt deshalb, weil von ihrem Gelingen die spätere »Bewältigung der Vergangenheit« abhängt.
Eine der möglichen didaktischen Annäherungen ist folgende: wir lassen den Text zunächst beiseite und schreiben das Beispiel »ich will griechische Zeitungen lesen«

Methodische Hinweise

auf deutsch an die Tafel. Dazu den fiktiven Satz: »ich will, daß ich griechische Zeitungen lese«. Entsprechend die griechischen Parallelen, um am Anfang den Unterschied in der Form des Konjunktivs aufzuzeigen.

Zum zweiten Satz kommt dann einmal das Wort »jetzt« und dann das Wort »immer« dazu. Im Deutschen bleibt die Satzstruktur gleich, im Griechischen ändert sich der Stamm des Konjunktivs.

Wenn das anhand von mehreren Beispielen (cf. die Kästchen in Abschnitt 9B Bildung der Konjunktivformen) klar geworden ist, erörtern wir das Phänomen auch theoretisch (cf. vorausgehendes Kästchen). Man läßt die Schüler deutsche Sätze erfinden, die den jeweiligen Aspekt berücksichtigen und läßt sie raten, welchen Stamm man dafür nehmen würde.

Man sollte in dieser ersten Sitzung die Lernenden nicht mit weiterem Material belasten. Als Hausaufgabe könnten 10 Sätze verlangt werden, die den Aspekt mit bestimmten Verben (etwa die von S. 136) berücksichtigen sollen.

Erst danach sollte das A-Stück behandelt werden, wo die Praktizierung des Gelernten bei den entsprechenden Sätzen stattfindet. Man isoliert die να-Sätze und schreibt sie an die Tafel, indem man sie genau, d.h. mit zusätzlichen Wörtern wie »eben« »auf die Dauer«oder »mit dem Ziel« ins Deutsche übersetzt.

Beispiel: Δεν έχω ποτέ όρεξη και δε θέλω να τρώω πολύ.
ich habe nie Appetit und will (auf die Dauer) nicht viel essen.
Σήμερα πρέπει να φτάσω γρήγορα στο σπίτι
heute muß ich schnell nach Hause kommen

Neben den ganz eindeutigen Übungen zum Konjunktiv steht die Übung C 8 (cf. Schlüssel), die Diskussionen verursachen könnte. Man muß für den Fall, daß ein Satz sowohl mit dem Konjunktiv Präsens als auch mit dem Konjunktiv Aorist gebildet werden und einen Sinn ergeben kann, betonen, daß dann der Aspekt entsprechend wechselt. Das Deutsche vermittelt diesen jeweiligen Aspekt zwar auch, nicht aber mit Verbformen, sondern mit Partikeln.

Übung C 10 ist schriftlich vorzubereiten, die verschiedenen Möglichkeiten sind ausführlich zu besprechen und, wie immer, ist besonders die Spielsituation zu fördern, was zum selbständigen Sprechen anspornt.

Lektion 10

Diese Lektion besteht aus zwei getrennten Texten mit getrenntem Grammatikstoff. Sie sollte auch getrennt bearbeitet werden. Dabei ist bei wegen Lektion 9 erholungsbedürftigen Schülern dem zweiten Text Vorrang zu geben. Die Possessivpronomina dürften keine Schwierigkeiten bereiten, wogegen für die stark betonten Personalpronomina wegen der Fülle der Formen doch Zeit gelassen werden sollte. Text 1 ist für den Gebrauch dieser Personalpronomina genügend aufschlußreich, genauso die entsprechenden Übungen. Für die Possessivpronomina hat sich vor allem Übung C 11 gut bewährt.

Der übrige Grammatikstoff *Adverbien, die zu präpositionalen Ausdrücken werden*, soll hauptsächlich die Übersicht vermitteln, dagegen sollte auf die unregelmäßige Aoriststammbildung einiger wichtiger Verben (am Ende von Abschnitt 10B) ausreichend hingewiesen werden. Sie sind hier und in den folgenden Lektionen so dosiert, daß man gewillt bleibt, die unregelmäßigen Verben langsam zu lernen.

Als zusätzliche Hausübung könnte man die Umwandlung der zwei Textdialoge in Erzählungen aufgeben, so daß die Lernenden zu Hause viel mit: θέλει να, δε μπορεί να, πρέπει να arbeiten müßten.

Übung C 14 dürfte für denjenigen Schüler, der mit Wortspielerei und Etymologie nicht viel anzufangen weiß, etwas merkwürdig klingen, der Lehrer sollte vorher auf die Bedeutung der Namen Θεσιάδης und Θεσοφάγος hinweisen.

Lektionen 11 und 12

Die beiden letzten Lektionen des ersten Bandes bauen auf älteren Erkenntnissen auf, was die Grammatik in Form und Funktion anbetrifft. Daher sollten die theoretischen Erläuterungen auf ein Minimum beschränkt werden und hauptsächlich die Formen sowohl der sogenannten endbetonten Verben als auch deren unregelmäßige Aoriststammbildung sowie das Futur eingeübt werden.

Die Übersetzungsübung C 10 von Lektion 11 eignet sich auch gut zum Auswendiglernen. Das Vorspielen sollte mit verteilten Rollen stattfinden. Übung C 12 ist auch zum Diktat geeignet. Dagegen sollte der Lehrer bei Übung C 9 der 12. Lektion weniger auf die Orthographie des geschriebenen Aufsatzes achten als vielmehr bei der Vorbesprechung dazu anleiten, daß dafür eine Menge gelernter und zu wiederholender Wörter jetzt eingesetzt werden sollten.

Erneut soll auf die Bedeutung der Zusammenstellung *Orthographie* nach Lektion 12 hingewiesen werden. Die Fülle der hier gesammelten, aus dem Griechischen stammenden deutschen Wörter läßt den Lernenden nicht nur auf die richtige Sprechweise achten, sondern sie hilft auch dem Schüler, selbst darüber nachzudenken, welche Begriffe im Deutschen aus dem Griechischen herzuleiten sind und wie sie ursprünglich ausgesehen bzw. sich angehört haben mögen.

ΕΛΛΑΔΑ	ΚΥΨΕΛΗ
ΣΠΑΡΤΗ	ΞΥΛΟΚΑΣΤΡΟ
ΣΕΡΙΦΟΣ	ΒΟΝΗ
ΚΝΩΣΩΣ	ΘΕΣΣΑΛΟΝΙΚΗ
ΠΟΛΥΓΥΡΟΣ	ΚΟΖΑΝΗ
ΓΕΡΜΑΝΙΑ	ΚΡΗΤΗ
ΑΘΗΝΑ	ΒΟΛΟΣ
ΛΑΜΙΑ	ΒΟΝΝΗ
ΧΙΟΣ	Aus: »Neugriechisch ist gar nicht so schwer«, Teil I